JN033858

超スピードテク満載

クリエイターのためのネットで簡単&得する確定申告

マンガ家
すがやみつる 著

日本税理士会連合会名誉会長
神津信一 監修

ビジネス社

はじめに

こんにちは。この本の著者で〈すがやみつる〉と申します。

職業はマンガ家ですが、小説も書けば、この本のような実用書や学術書も書くライターもしています。

また、2013年から21年までの8年間は、京都精華大学マンガ学部で教授も務めていました。

マンガ家としてデビューしたのは1971年末のこと。21歳でした。この年から確定申告をはじめたので、確定申告歴は50年以上になります。

マンガ家は究極の文系職業で、数字が苦手な人が多いため、確定申告も税理士さんのお世話になっている人が多いとか。しかし、私はマンガ家としては変わりダネで、確定申告は、ずっと自分の手でやってきました。

はじめに

世の中にパソコンというものが出てくると、すぐに手を出し、プログラムを作りました。ＢＡＳＩＣという言語で生まれてはじめて作成したプログラムは、確定申告の提出用紙をシミュレーションしたものでした。１９８０年のことです。

確定申告は、1年間に稼いだ「収入」から「経費」を差し引いた「所得」を計算し、そこから各種の「控除」を差し引いて「課税所得」を求め、さらにその金額に応じた所得税率をかけて「所得税額」を計算し、納税することです。

パソコンの自作プログラムで計算する以前は、必要経費となる領収書やレシートを項目別に分類し、それぞれの合計額を電卓で計算していました。出版社から支払われた原稿料や印税（収入）から必要経費を差し引いて金額（所得）を求め、さらにここから医療費や生命保険料などにかかった金額を控除して課税所得を求め、そのうえで所得税額を計算するといった面倒な計算が必要でした。

そのため、毎年、2月から3月にかけての確定申告の季節になると、数日間は電卓片手に徹夜になったものです。

しかし、パソコンを導入してからは、自作の確定申告プログラムに経費や控除の金額を入力するだけで、短時間で税額が計算できるようになりました。

当時はプリンターが高価で買えなかったため、画面に表示される数字を確定申告用紙にボールペンで書き写す方式でしたが、それでも電卓で計算していた頃に比べると、大幅な時間短縮になりました。

マンガ家の原稿料は、あらかじめ出版社が所得税と復興特別所得税を源泉徴収しているため、確定申告の計算次第では、払いすぎた税金を取りもどすことができます。これを税金の「還付」といいますが、売れていないマンガ家にとっては、ボーナスのように思える臨時収入でもありました。

そんな意味で確定申告は、払いすぎた税金を取りもどすための手段であり、同時に、1年間の仕事の決算をして前年の仕事と比較することで、自分の仕事ぶりが客観視できる便利な機会でもありました。

さいわいにしてデビュー後10年ほどでヒット作が出たことから、節税のためにマンガの仕事は法人化し、税理士の先生（監修をお願いした神津信一先生）に、経理や決算の面倒を見てもらうようになりました。

その際、神津先生が個人の確定申告の面倒も見てくれるというので、過去の確定申告用紙と自作のパソコンプログラムをお見せしたところ、「しっかりできているので、こちらでやる必要はありません。今後も自分でやってください」とのことでした。

そのようなわけで、その後も、表計算ソフトのロータス1-2-3やエクセルが発売になるたびに、すぐに飛びついては確定申告のフォームを作り、所得や控除の計算に使っていました。

愛用していた手帳は、税理士さんからいただいた「税務手帳」というもの。この手帳で「変動所得の平均課税」という制度を知ったおかげで、自作マンガが突然ヒットしたときも、大きな節税ができました。

こんなことをつづけていたら、いつのまにか「税金に詳しいマンガ家」と誤解され(?)、『こんにちは税務調査です』というマンガ版入門書を税務専門出版社から上梓したこともあります。

多くのマンガ家が反対運動に加わったインボイスについても、わりと冷静でいられたのは、長年、自分で確定申告をしてきた経験があったからでしょう。

重要なのは、パソコンを経理と確定申告に使っていたことでした。パソコンがなければ、いまでも経理の帳簿付けや確定申告で、徹夜をつづけていたことでしょう。インボイスでも頭を混乱させていたかもしれません。

e-Tax《イータックス》による申告も、初年度からはじめました。理由は、もちろん「便利だから」。この一言に尽きます。

近年は、高齢になって家内と2人分の医療費負担が増え、医療費控除を受けるための医院や薬局への支払額一覧を作成するのが大変になってきていました。

しかし、マイナンバーと健康保険証の番号を紐付けることで、e-Taxでの申告時に、医療費の支払額は自動で入力できます。これは年金も変わりません。

e-Taxの利用にはマイナンバーカード（マイナカード）の個人認証が必須になります。高齢で確定申告の必要がある人ほど、マイナカードは必需品といえるでしょう。

この本は、確定申告が未体験の方を第一の想定読者としています。

それ以外に、紙の申告用紙を使って確定申告している方にも、節税と時間短縮をはかるうえで、IT化を進めるための参考情報を詰め込みました。参考にしていただければさいわいです。

超スピードテク満載 クリエイターのための
ネットで簡単&得する確定申告・目次

©すがやみつる／小学館／ TAITO CORPORATION

白色申告と青色申告、どちらが得？ 29
e-Taxとマイナカードの連携が便利 42
会計ソフトを使おう 46
インボイス制度について知りたい！ 48
課税事業者と免税事業者のちがいは、どんなところ？ 51
インボイスの「2割特例」について知りたい！ 54

第2章

確定申告に必要なものは？

マイナカードは必需品 60
会計ソフトはクラウド型がオススメ 62

第3章

入出金はキャッシュレスで管理しよう!

第4章

どこまで必要経費にできるの?

第5章

税金がもどってくるかも？「控除」について知っておこう

第6章

e-Taxで確定申告は簡単にできる！

第7章

電子帳簿保存法への対応はこれでOK

第1章

確定申告とは何？
何のためにするの？

©すがやみつる／小学館／TAITO CORPORATION

確定申告とは、そもそも何だ？

この章では、高校・大学や専門学校を出てフリーランスの仕事に就いた人、サラリーマンから独立して個人事業主になった人など、はじめて確定申告をする必要に迫られた皆さんを対象に説明します。

「そんなこと知ってるよ。それよりも手っとり早く、確定申告でラクする方法や得する方法が知りたい」という方は、この章はスキップして、第2章からお読みください。

なお、この本では、フリーランスの仕事に就く人を「フリーランサー」と呼びます。

学校では教えてくれない確定申告

私は2013年から21年まで、京都精華大学マンガ学部の教授職にありました。キャラクターデザインコースでコミックイラストを教え、大学院ではストーリーマンガの指導もしていました。

学ぶ学生の大半が目標としていたのは、フリーランスのイラストレーターやマンガ家です。そのため、どの学生も、クロッキーやデッサンのトレーニングにはげみ、面白いストーリー作りの方法を熱心に学んでいました。

当然、授業内容も、絵やストーリーの上達を目的とした科目が中心になっています。

私は、大学教員になったとき、卒業後にプロになった若いマンガ家数人に、「学校でいちばん教えてほしかったことは？」と質問したことがあります。

個別のインタビューだったのですが、ほぼ全員の回答が「確定申告のやり方」でした。大学を卒業して、会社員になることもなく、マンガ家のアシスタントやアルバイトを経てデビューし、プロとして活躍しはじめている若いマンガ家たちでしたが、デビューして最も困ったことが「確定申告」だったと口をそろえたのです。

大学や専門学校でイラストレーターやマンガ家を志望する学生は、ほぼ全員がフリーランサーをめざしています。

フリーランサーということは、自分でビジネスをする個人事業主になることです。個人事業主は、「自分のやった仕事の利益を計算し、税務署に届け出て、その所得額に応じた税金を払う」ことを義務付けられています。

この一連の手続きが「確定申告」で、厳密にいえば「所得税の確定申告」になります。「厳密にいえば」というのは、ほかに「消費税」や「贈与税」の確定申告もあるからです。

「所得税」とは?

「所得税」とは、1年間の「所得」に対してかかる税金です。

この所得とは何でしょう? よく混同されるのが「収入」です。

収入は1年に仕事で得られた金額で、ここから「経費」を差し引いた金額が「所得」になります。

さらに各種の「控除」が差し引かれた金額が「課税所得」となり、決められた「税率」に応じて「税額」が決定します。

確定申告は、個人事業主が自分で税額の計算をしたうえで、申告・納付する一連の仕組みです。

収入－経費＝所得
所得－控除＝課税所得
課税所得×税率（＊1）＝税額

＊1：所得税の税率は、課税所得額に応じて段階的に増加する「超過累進税率」が採用されている。

支払うのは所得税、連動して地方税も

確定申告で支払う税金は「所得税」です。これは国税庁を通じて国庫に納められます。

この所得税額が決まると、連動して地方税の「住民税」や「社会保険料」「個人事業税」の支払額も決まります。

住民税には「都道府県民税」と「市町村民税」（東京都23区の場合は「区民税」）があります。また、社会保険料には「国民健康保険料（税）」や「国民年金保険料」がふくまれます。

個人事業税は、職種によって税率が異なります。

ただし、マンガ家、イラストレーター、小説家、ライターなどの著述業者は、個人事業税の法定業種の対象外です。つまり個人事業税を支払う必要はありません。

一度企業に就職し、会社員となった人でも、フリーランサーとして独立すると、否応なしに個人事業主として確定申告をしなければなりません。プロとして仕事をして

個人事業税の業種と税率

法定業種の一覧と税率（東京都の場合）					
区分	税率	事業の種類			
第1種事業（37業種）	5%	物品販売業	運送取扱業	料理店業	遊覧所業
		保険業	船舶定係場業	飲食店業	商品取引業
		金銭貸付業	倉庫業	周旋業	不動産売買業
		物品貸付業	駐車場業	代理業	広告業
		不動産貸付業	請負業	仲立業	興信所業
		製造業	印刷業	問屋業	案内業
		電気供給業	出版業	両替業	冠婚葬祭業
		土石採取業	写真業	公衆浴場業（むし風呂等）	―
		電気通信業	席貸業	演劇興行業	―
		運送業	旅館業	遊技場業	―
第2種事業（3業種）	4%	畜産業	水産業	薪炭製造業	―
第3種事業（30業種）	5%	医業	公証人業	設計監督者業	公衆浴場業（銭湯）
		歯科医業	弁理士業	不動産鑑定業	歯科衛生士業
		薬剤師業	税理士業	デザイン業	歯科技工士業
		獣医業	公認会計士業	諸芸師匠業	測量士業
		弁護士業	計理士業	理容業	土地家屋調査士業
		司法書士業	社会保険労務士業	美容業	海事代理士業
		行政書士業	コンサルタント業	クリーニング業	印刷製版業
	3%	あんま・マッサージ又は指圧・はり・きゅう・柔道整復その他の医業に類する事業			装蹄師業

いる人なら、誰もが1年に一度やらなければならないのが確定申告なのです。

それなのに、学校で確定申告の方法を学ぶ機会はまずありません。また、教えてくれる人もいません。

大半の新卒フリーランサーは、仕事をはじめた翌年の2月になってから、確定申告というものをやらなくてはいけないという事実を知り、あわてて本を買ったり、ネットで調べたりして対応しているのが実状です。

この本は、そんな確定申告の未経験者を第一の読者対象にしています。また、すでに確定申告をしているものの、もっとラクに申告をしたい人にも役立つ情報も詰め込んでいます。

知識ゼロでも大丈夫！　安心して、ついてきてください。

なぜ確定申告をするのか？

ところで、なぜフリーランサーをふくむ個人事業主は、確定申告をしなければならないのでしょう？

それはまず、私たち日本国民全員に「納税の義務」があるからです。仕事や投資の所得がある人は、誰もが税金を払わなければいけません。

また、未成年者でも所得があれば納税の義務が生じます。「国民年金」の納付義務は20歳からスタートしますが、所得にかかる税金に、年齢は関係ありません。

所得を得ている全国民に納税の義務があるのですが、確定申告をしている人は令和4年度で2295万人でした。同年の給与所得者（会社員等）の5967万人に比べると、半数以下だということがわかります。

会社員の場合は、毎月の給与から源泉徴収という方法で所得税が差し引かれています。しかし、医療費がかかったり、生命保険の掛け金を支払ったりしていると、年末調整で払いすぎた税金を払いもどしてもらえます。これを「還付」といいます。

これらの手続きは会社がやってくれるため、会社員が自分で行うことは多くありません。その年に支払った生命保険料や地震保険料の金額を所定の用紙に記入し、それぞれの支払証明書とともに会社の経理に提出するだけで、納税の手続きはすんでしまいます。

日本の会社員は、このように納税の手続きを会社が代行してくれるため、自分の生活についても「税抜き」の所得で考える人が大多数です。サラリーマンも確定申告をするアメリカに比べ、国民に納税者（タックス・ペイヤー）の意識が育たないのは、こんなところに原因がありそうです。

ひるがえってフリーランサーをふくむ個人事業主は、自分で払うべき税金の額を計算し、税務署に申告しなければなりません。これが確定申告です。

この計算によって、前払いした所得税よりも税額が多いときは、追加で所得税を納めなければいけません。

どんな人が確定申告をするの？

では、どんな人が確定申告をしなければならないのでしょう。

そのトップバッターは「個人事業主」です。

若い人のなかには、個人事業主というと、マンガ家や小説家、イラストレーター、デザイナーのようなクリエイター系の職に就くフリーランサー（自由業者）を思い浮かべる人が多いようですが、それは誤りです。

実際の個人事業主には、飲食業、美容・理容業、商店経営、建設業（ひとり親方）、税理士・会計士、弁護士、医師などもふくまれます。もちろん個人で営業している人たちです。

個人事業主は「個人事業」をする人ですが、似た言葉に「自営業」があります。個人事業と自営業のちがいは何でしょう？

実は自営業には「個人」という概念がありません。自立した経営なら、複数の人による共同経営もふくまれれば、会社（法人）による運営もふくまれます。つまり、個人事業は自営業にふくまれますが、自営業は個人事業にはふくまれません。「自営業＞個人事業」のような関係だと考えるといいでしょう。

個人事業と一口にいっても職種が広いため、この本では、マンガ家、イラストレーター、小説家、ライター、デザイナーなど、一般にフリーランサーと呼ばれる職種の人たちを主な読者対象にして、説明を進めていきます。

その他の職種の確定申告については、関連の書籍やＷｅｂサイトもありますので、そちらを参考にしてください。

サラリーマンでも確定申告をすることがある

先ほど会社員は、会社で所得税の計算から納付までしてくれるので、確定申告の必要がないと説明しました。

ただし、確定申告の必要が生じることもあります。それは次のような人です。

①給与の年間収入金額が２０００万円を超える人

②１か所から給与の支払いを受けている人で、給与所得および退職所得以外の所得金額の合計額が20万円を超える人

③２か所以上から給与の支払いを受けている人のうち、給与の全部が源泉徴収の対象となる場合において、年末調整されなかった給与の収入金額と給与所得および退職所得以外の所得金額との合計額が、20万円を超える人

そのほかにもありますが、詳しくは国税庁のWebサイトを見てください。

最近は、週末などの休日や帰宅後に、趣味としてマンガや小説を執筆し、同人誌や電子書籍として個人出版する人も増えています。副業を認める企業が増えていることも、このような傾向に拍車をかけているのかもしれません。会社員をしながらYouTuberやコスプレイヤー、バンドのライブ活動などで副収入を得ている人も見かけます。

そんな人たちも、稼いだ金額によっては確定申告が必要になります。まずは副業の所得（収入－所得）が

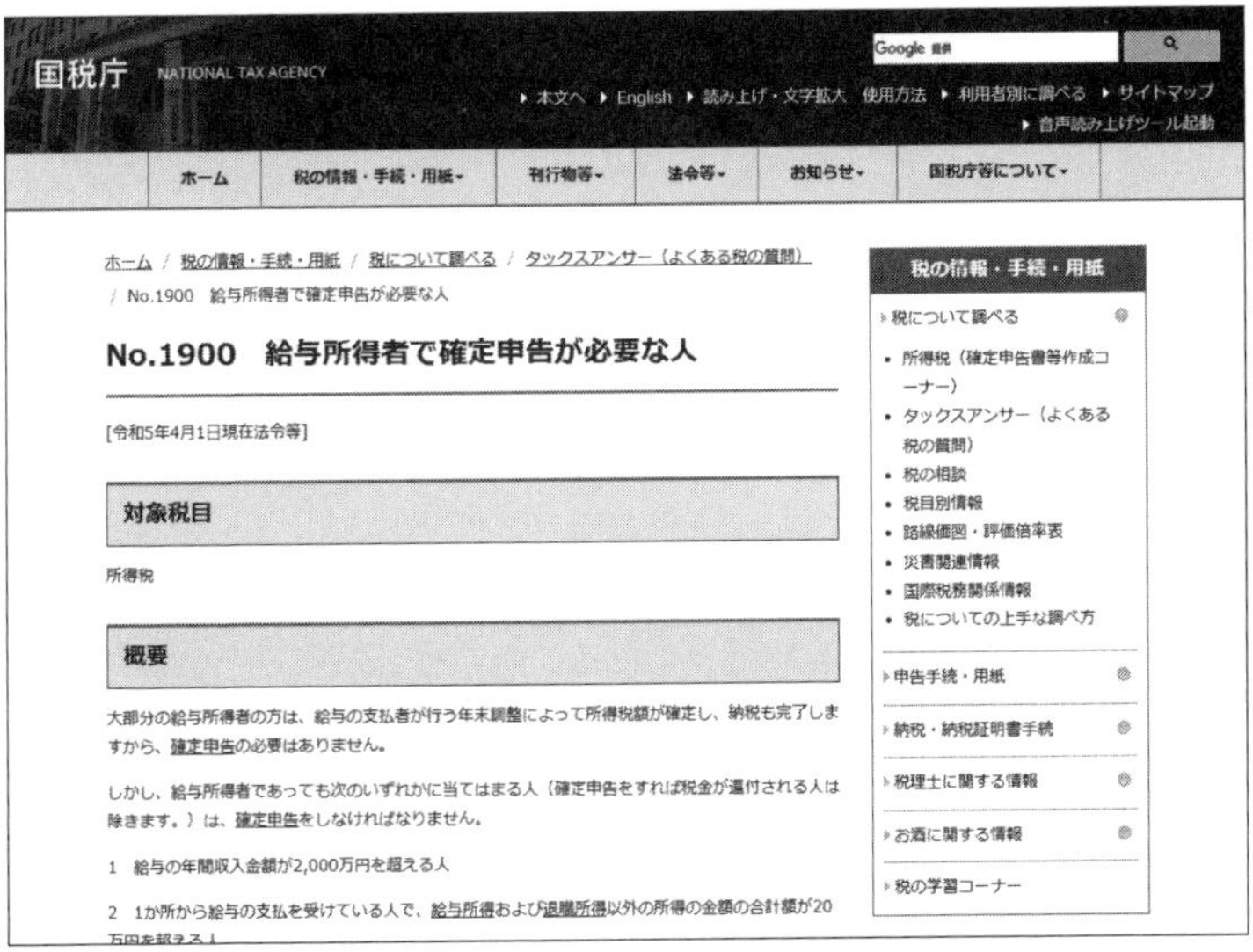

給与所得者で確定申告が必要な人は、国税庁のWebサイトで確認できる。
https：//www.nta.go.jp/taxes/shiraberu/taxanswer/shotoku/1900.htm

20万円を超えそうだったら、確定申告の準備をしてください。

ただし、副業の場合は、後述の「青色申告」ができません。「白色申告」で申告してください。

確定申告で税金がもどることも

フリーランスの仕事で支払われる原稿料などの報酬は、源泉所得税額（報酬が100万円以下の場合は所得税10％＋復興特別所得税0・21％＝10・21％。報酬が100万円超の場合は、100万円までは10・21％、それを超す金額については20％＋復興特別税0・42％＝20・42％）が差し引かれた金額が振込まれます（「源泉所得税」は、源泉徴収される「所得税」と「復興特別所得税」を合わせたもの）。

確定申告をして課税所得から計算された納税額が源泉所得税額よりも小さくなると、その差額を払いもどしてもらえます。これを所得税の「還付」といい、還付を受けるための確定申告を「還付申告」といいます。

フリーランスになったばかりの人、独立したばかりの人は、初期にかかる経費も多額になることから、最初の数年は実質的な利益が出ないことも珍しくありません。

こんな人たちこそ確定申告（還付申告）をして、払いすぎた源泉所得税の還付を受けるべきでしょう。面倒だからと確定申告をさぼっていたら、税金がもどってくることはありません（還付時効期間は5年）。

フリーランサーは確定申告をしないとローンが借りられない

フリーランサーや個人事業主は、確定申告をしていないと困ることがあります。それはは住宅ローンや自動車ローンが借りられなくなることです。これら高額のローンを借りるには、公的な所得証明が必要になります。

サラリーマンなら年末に会社から発行される「給与所得の源泉徴収票」が所得証明になりますが、フリーランサーや個人事業主は確定申告をして、納税をしないと所得証明が得られません。

たとえばイオン銀行でローンを借りる場合には、次の所得証明書類を提出する必要があります。

- 所得税の確定申告書の写しを直近3年分（収支内訳書、青色申告決算書等の付属明細書をふくむ一式）
- 所得税の納税証明書（その1）（その2）を各直近3年分

・個人事業税の納税証明書を直近3年分

これらの所得を証明する書類（写し）がないと、ローンを借りられないのです。ほかに、地方自治体の発行する「所得証明書」「課税証明書」などの提出を求める金融機関もありますが、いずれにせよ確定申告をしていないと、これらの証明書類は得られません。

ちなみに、マンガ家やイラストレーター、小説家、ライターなどのフリーランサーは、個人事業税を納める必要がないので、「個人事業税の納税証明書」は不要です。

地方自治体が発行する所得証明書や課税証明書（または非課税証明書）」は、マイナカードがあればコンビニでも引き出せます（非対応の自治体もあります）。

なお、クレジットカードの取得にも、所得金額のわかる書類として、確定申告書の写しや所得証明書が必要になります。確定申告をしていないと（確定申告をしても所得が低すぎると）、いろいろ不便なことが起こります。フリーランサーとして、個人事業主として、年齢にふさわしい社会生活をしていきたいと思ったら、確定申告は不可欠です。面倒がらず、確定申告には前向きに取り組んでいきましょう。

白色申告と青色申告、どちらが得？

確定申告には「青色申告」と「白色申告」の2種類があります。以前は、白色申告なら提出する書類も少なくてすんだのですが、現在は、青色申告で義務付けられている書類の数と大差ありません。

これなら青色申告にした方が、控除も多いので節税にもなって得です。はじめて確定申告をする人、あるいは、これまで白色申告をしていた人は、ぜひ青色申告を検討してください。

ただし、前述のとおり、サラリーマンが副業の所得を申告するときは、青色申告は使えません。

青色申告のメリット

青色申告には、次のようなメリットがあります。

Ⅰ「青色申告特別控除」が受けられる
Ⅱ「青色事業専従者給与」の制度で家族に支払った給与が経費になる
Ⅲ「少額減価償却資産の一括償却措置」が受けられる（106ページ参照）
Ⅳ「純損失の繰越控除」が受けられる（106ページ参照）

ⅠとⅡの内容や条件は、次のとおりです。

Ⅰ 青色申告特別控除

これは、青色申告をしている人だけが受けられる控除で、10万円、55万円、65万円の3段階があります。

家計簿のような「単式簿記」と呼ばれる方式の「簡易帳簿」では、10万円の控除しか受けられません。しかし、次の要件を満たせば、55万円、または65万円の控除が受けられます。

・要件①……「複式簿記」で記帳した帳簿を提出する。

・要件②……要件①の帳簿に「貸借対照表」と「損益計算書」を添付する。
・要件③……確定申告期限内に提出する。通常は2月16日～3月15日。

ここまでの要件で55万円の控除が受けられます。しかし、65万円の控除を受けるためには、もうひとつの要件が不可欠です。

・要件④……e-Taxによる申告、または、その年の仕訳帳と総勘定元帳を「優良な電子帳簿」の要件にもとづいて保存する。

要件①の「複式簿記による帳簿」は、パソコンと「会計ソフト」を使って入出金の記帳をすれば自動的に作成されますので、そんなにむずかしくはありません。

ちなみに会計ソフトとは、確定申告に必要な帳簿の書類を作成するためのパソコンソフトで、e-Taxを使ううえでも不可欠な道具です。詳しくは、このあとの「会計ソフトを使おう」（46ページ参照）をご覧ください。

要件②に必要な「貸借対照表」と「損益計算書」も、会計ソフトが自動的に作成してくれます。

要件③の「期限内の提出」は、あなた次第です。控除を受けたければ、きっちり守ってください。

要件④は、「e-Taxによる申告」を選びましょう。「その年の仕訳帳と総勘定元帳を優良な電子帳簿の要件にもとづいて保存する」を選ぶと、「優良な電子帳簿」と認定された会計ソフトを使わなければなりません。そのうえ税務署への事前届出が必要です。

会計ソフトの大半が「優良な電子帳簿」としての認定を受けていますが、クラウド型の「弥生会計オンライン」のように、認定を受けていない会計ソフトもあります。

一方、e-Taxで申告するのなら、「優良な電子帳簿」でなくても大丈夫。事前の届出も不要です。「複式簿記」としての記帳と「仕訳帳」および「総勘定元帳」の作成ができれば、e-Taxによる申告をすることで、65万円の控除が受けられます。「仕訳帳」と「総勘定元帳」をe-Taxで国税庁のサーバーに送ってしまえば、削除や変更ができないので、「優良な電子帳簿」と同等に扱われているのでしょう。

「優良な電子帳簿」の認定を受けている会計ソフトを使って帳簿を作成し、そのうえでe-Taxで申告しても、もちろん問題ありません。

Ⅱ 青色事業専従者給与

個人事業主やフリーランサーの場合、配偶者に仕事を手伝ってもらい、給料を払っている人もいるかもしれません。たとえば既婚のマンガ家が、配偶者をアシスタントにしたり会計担当者になってもらったりして、その対価として給与を払っているような場合です。

この給与は、必要経費として認められるのでしょうか?

実をいうと、生計を一にしている配偶者やその他の親族に支払った給与は、原則的には必要経費にはなりません。

しかし、ここであきらめてはいけません。青色申告者で、次の要件を守っていれば、家族などに支払った給与の全額が、必要経費として認められるからです。

・要件①……青色事業専従者に支払われた給与であること。
・要件②……「青色事業専従者給与に関する届出書」を納税地の所轄税務署長に提出していること。
・要件③……届出書に記載された方法で支払われ、かつ、その記載されている金額の範囲内で支払われたものであること。

・要件④……青色事業専従者給与の額は、労務の対価として相当であると認められる金額であること。

要件①の「青色事業専従者」とは、以下の3つの要件を満たす人のことです（要件だらけですみません）。

・要件A……青色申告者と生計を一にする配偶者、その他の親族。
・要件B……その年の12月31日現在で年齢が15歳以上。
・要件C……その年を通じて6か月超の期間（事業の期間が1年未満の場合は、開業期間の2分1超の期間）、事業に従事していた者。

つまり、青色事業専従者になれるのは、同居し、共に生活している奥さんや15歳以上の子どもなどの親族です。

ただし、事業を行っていた期間の半分以上の期間、仕事に従事している人でなければなりません。

たとえば既婚者なら、帳簿付けなどの経理の仕事を頼んでいる奥さんに給与を払った場合、その金額が常識の範囲内なら、全額が必要経費として認められるということです。独身者が、同居する親に経理などを手伝ってもらっている場合も、必要経費として給与を支払えるわけです。

要件②は、「青色事業専従者給与に関する届出書」を納税地の所轄税務署長に提出していることです。

提出期限は、青色事業専従者給与額を算入しようとする年の3月15日まで（その年の1月16日以後、新たに事業を開始した場合や新たに専従者がいることとなった場合には、その開始した日や専従者がいることとなった日から2か月以内）になります。「青色事業専従者給与に関する届出書」は、e-Taxソフトでの作成とオンラインでの提出ができます。e-Taxソフトには、パソコンにインストールするアプリ版と、パソコンのブラウザを使うWeb版がありますが、このうち届出書の作成とオンライン提出ができるのは、アプリ版のみです。アプリ版のe-Taxソフトについては第6章の180ページをご覧ください。

e-Taxが使えない人は、国税庁のWebサイトから「青色専従者給与に関する届出・変更届出書」のＰＤＦ版書式をダウンロード（37ページ参照）し、青色事業専従者の氏名、仕事の内容、給料や賞与の金額、支給期などを記入したうえで、所轄税務署長に提出します。この場合は税務署に出向くか、書類を郵送しなければなりません。

要件③は、届出書に記載された方法と金額の範囲内で給与が支払われている必要があります。

要件④は、青色事業専従者に支払われる給与が、仕事の内容にふさわしい金額であることを求めています。

つまり、支払われる給与の回数や金額が、社会通念から見て高すぎたりしてはダメ、ということです。

「配偶者控除」「扶養控除」との関係は？

青色事業専従者給与は、届出書に金額を記入して税務署に提出しさえすれば、いくらにしてもかまいません。ただし、金額が１０３万円を超えると、給与を受け取った専従者に所得税がかかってきます。

奥さんを事業専従者にしていたら、確定申告の際に所得から差し引かれる「配偶者

青色専従者給与に関する届出・変更届出書

税務署受付印

1 1 2 0

青色事業専従者給与に関する ○届出 ○変更届出 書

納税地	○住所地・○居所地・○事業所等（該当するものを選択してください。） （〒 − ） （TEL − − ）	
上記以外の住所地・事業所等	納税地以外に住所地・事業所等がある場合は記載します。 （〒 − ） （TEL − − ）	
フリガナ		生年月日 ○大正 ○昭和 ○平成 ○令和 年 月 日生
氏名		
職業		フリガナ 屋号

＿＿＿＿税務署長

＿＿年＿＿月＿＿日提出

＿＿年＿＿月以後の青色事業専従者給与の支給に関しては次のとおり ○定めた ○変更することとした ので届けます。

1 青色事業専従者給与（裏面の書き方をお読みください。）

	専従者の氏名	続柄	年齢 経験年数	仕事の内容・従事の程度	資格等	給料 支給期	給料 金額（月額）	賞与 支給期	賞与 支給の基準（金額）	昇給の基準
1			歳 年				円			
2										
3										

2 その他参考事項（他の職業の併有等）

3 変更理由（変更届出書を提出する場合、その理由を具体的に記載します。）

4 使用人の給与（この欄は、この届出（変更）書の提出日の現況で記載します。）

	使用人の氏名	性別	年齢 経験年数	仕事の内容・従事の程度	資格等	給料 支給期	給料 金額（月額）	賞与 支給期	賞与 支給の基準（金額）	昇給の基準
1			歳 年				円			
2										
3										
4										

※ 別に給与規程を定めているときは、その写しを添付してください。

関与税理士

（TEL − − ）

税務署整理欄						
整理番号	関係部門連絡	A	B	C		
0						
通信日付印の年月日	確認					
年 月 日						

控除」は使えません。お子さんを専従者にしていた場合も、その年齢によっては、「扶養控除」が使えなくなります。

また、事業専従者の奥さんや子どもの年間の給与金額が１００万円前後（＊２）を超えると、奥さんや子どもに「均等割」の「住民税」がかかります。青色事業専従者給与の金額は、このようなことも考慮して決めるといいでしょう。

＊２：住んでいる地域によって基準額や税額が異なる。東京都特別区（23区）の場合は、給与所得が１００万円を超えると、「都民税」１５００円と「特別区民税」３５００円の計５０００円が均等割の税額となる。

青色申告には「開業届」の提出が必要

以上のとおり、青色申告にすると、いろいろな恩恵を受けられることがわかっていただけたことと思います。

ただし、これらの恩恵を受けるためには、事前に「個人事業の開業・廃業等届出書」と「所得税の青色申告承認申請書」を税務署に提出しなければなりません。

この「個人事業の開業・廃業等届出書」と「所得税の青色申告承認申請書」（40～41ページ参照）も、「青色事業専従者給与に関する届出書」と同様に、アプリ版ｅ-Ｔａｘ

ソフトでの作成・提出が可能です。e-Taxが使えない人は、国税庁のWebサイトからダウンロードした「個人事業の開業・廃業等届出書」に必要事項を記入して、管轄の税務署に持参するか郵送してください。

個人事業主の開業・廃業等届出書

税務署受付印

1	0	4	0

個人事業の開業・廃業等届出書

＿＿＿＿＿＿税務署長

＿＿年＿＿月＿＿日提出

納税地	○住所地・○居所地・○事業所等（該当するものを選択してください。） （〒　　－　　） （TEL　　－　　－　　）		
上記以外の住所地・事業所等	納税地以外に住所地・事業所等がある場合は記載します。 （〒　　－　　） （TEL　　－　　－　　）		
フリガナ		生年月日	○大正 ○昭和 ○平成 ○令和　　年　　月　　日生
氏名			
個人番号			
職業		フリガナ	
		屋号	

個人事業の開廃業等について次のとおり届けます。

届出の区分	○開業（事業の引継ぎを受けた場合は、受けた先の住所・氏名を記載します。） 住所＿＿＿＿　氏名＿＿＿＿ 事務所・事業所の（○新設・○増設・○移転・○廃止） ○廃業（事由） （事業の引継ぎ（譲渡）による場合は、引き継いだ（譲渡した）先の住所・氏名を記載します。） 住所＿＿＿＿　氏名＿＿＿＿			
所得の種類	○不動産所得・○山林所得・○事業（農業）所得〔廃業の場合……○全部・○一部（　　　）〕			
開業・廃業等日	開業や廃業、事務所・事業所の新増設等のあった日	年　月　日		
事業所等を新増設、移転、廃止した場合	新増設、移転後の所在地	（電話）		
	移転・廃止前の所在地			
廃業の事由が法人の設立に伴うものである場合	設立法人名		代表者名	
	法人納税地		設立登記	年　月　日
開業・廃業に伴う届出書の提出の有無	「青色申告承認申請書」又は「青色申告の取りやめ届出書」	○有・○無		
	消費税に関する「課税事業者選択届出書」又は「事業廃止届出書」	○有・○無		
事業の概要（できるだけ具体的に記載します。）				

給与等の支払の状況	区分	従事員数	給与の定め方	税額の有無	その他参考事項
	専従者	人		○有・○無	
	使用人			○有・○無	
				○有・○無	
	計				

源泉所得税の納期の特例の承認に関する申請書の提出の有無	○有・○無	給与支払を開始する年月日	年　月　日

関与税理士

（TEL　　－　　－　　）

税務署整理欄	整理番号	関係部門連絡	A	B	C	番号確認	身元確認
	0						□済 □未済
	源泉用紙交付	通信日付印の年月日	確認	確認書類 個人番号カード／通知カード・運転免許証 その他（　　）			
		年　月　日					

所得税の青色申告承認申請書

税務署受付印

1	0	9	0

所得税の青色申告承認申請書

＿＿＿＿＿＿税務署長

＿＿年＿＿月＿＿日提出

納税地	○住所地・○居所地・○事業所等（該当するものを選択してください。） （〒　　－　　） （TEL　　－　　－　　）		
上記以外の住所地・事業所等	納税地以外に住所地・事業所等がある場合は記載します。 （〒　　－　　） （TEL　　－　　－　　）		
フリガナ 氏名		生年月日	○大正 ○昭和 ○平成 ○令和　　年　月　日生
職業		フリガナ 屋号	

令和＿＿年分以後の所得税の申告は、青色申告書によりたいので申請します。

1　事業所又は所得の基因となる資産の名称及びその所在地（事業所又は資産の異なるごとに記載します。）

名称＿＿＿＿＿＿＿＿　所在地＿＿＿＿＿＿＿＿＿＿＿＿

名称＿＿＿＿＿＿＿＿　所在地＿＿＿＿＿＿＿＿＿＿＿＿

2　所得の種類（該当する事項を選択してください。）

○事業所得　・○不動産所得　・○山林所得

3　いままでに青色申告承認の取消しを受けたこと又は取りやめをしたことの有無

(1)　○有（○取消し・○取りやめ）　＿＿年＿＿月＿＿日　(2)　○無

4　本年1月16日以後新たに業務を開始した場合、その開始した年月日　＿＿年＿＿月＿＿日

5　相続による事業承継の有無

(1)　○有　相続開始年月日　＿＿年＿＿月＿＿日　被相続人の氏名＿＿＿＿＿＿＿＿　(2)　○無

6　その他参考事項

(1)　簿記方式（青色申告のための簿記の方法のうち、該当するものを選択してください。）

○複式簿記・○簡易簿記・○その他（　　　　　　）

(2)　備付帳簿名（青色申告のため備付ける帳簿名を選択してください。）

○現金出納帳・○売掛帳・○買掛帳・○経費帳・○固定資産台帳・○預金出納帳・○手形記入帳
○債権債務記入帳・○総勘定元帳・○仕訳帳・○入金伝票・○出金伝票・○振替伝票・○現金式簡易帳簿・○その他

(3)　その他

関与税理士

（TEL　　－　　－　　）

税務署整理欄	整理番号	関係部門連絡	A	B	C		
	0						
	通信日付印の年月日		確認				
	年　月　日						

e-Taxとマイナカードの連携が便利

先ほど、e-Taxについて触れました。e-Taxは、とても便利です。一度e-Taxを使ったら、e-Tax以外の確定申告は考えられなくなります。

e-Taxを有効活用するには、マイナカードの取得も欠かせません。ログインのための本人確認にマイナカードが必要だからです（IDとパスワード方式でもログイン可能ですが、今後、廃止の予定）。

また、マイナンバーと健康保険証を紐付ければ、病院や薬局への支払額をe-Taxに取り込むことができます。医療費控除を受けようとしている人には、実に助かる機能です。

医療費の集計は手間がかかる

私はカミサンと二人暮らしですが、どちらも70歳を過ぎた高齢者です。二人とも定期的に病院やクリニックにかかっていて、そのうえに投薬治療も受けています。

そのため確定申告のたびに、医療費控除を受けるための医療費の集計が大変でした。クリニックや薬局でもらった領収書をまとめておき、国税庁のＷｅｂサイトからダウンロードしたエクセル用の「医療費集計フォーム」に打ち込まなければならなかったからです。

同じ病院やクリニック、薬局の領収書が多いので、コピペを使って効率化をはかりました。それでも、数十枚の領収書のデータを打ち込むのは、とても大変でした。

数年前、大学の教員をしているときに、私学共済の健康保険組合から、「医療費通知」という医療機関に支払った医療費の明細が送られてくるようになりました。

ただし、この医療費通知は、紙にプリントされたものでした。しかもプリントされているデータは1月から10月まで。11～12月は、手打ちするしかありません。

それでも多いに助かりました。医療費支払いの一覧はプリンターで印字されたものでしたから、これをスキャナーでスキャンし、ＯＣＲ（光学式文字読み取り機能）を使って、パソコンで扱える文字データに変換できたからです。

最近はＯＣＲの精度も上がっていて、数十件のデータのうち、０（ゼロ）とＯ（オー）の混同などが2～3文字あるだけでした。

データになっていれば「医療費集計フォーム」に貼り付けるのも簡単です。

とはいえ、数十件にもなる医療費の支払いデータを「医療費集計フォーム」に入力し、確認するのは、かなり面倒でした。

しかも、しかも、しかも……です。ここまでの作業をすませたところで、大きなミスをしでかしていることに気付いたのです。

なんとe-Taxなら「医療費通知」があれば1件ごとの医療費データの入力は不要で、「医療費通知に記載された医療費の入力」の画面に、1月から10月までに支払った合計額だけを記入すればよかったのです。

つまり、「医療費通知」をスキャンし、OCRでテキストデータにして……といった作業は無駄骨だったというわけです。

自分のミスなんですが、いま思い出しても悔しい(泣)。

――ちなみに、健康保険組合などから届く「医療費通知」を使ってe-Taxに医療費のデータを入力した場合は、通知の原本を5年間保存しなければなりません。

マイナカードと健康保険証を紐付けると便利

医療費控除のために、少し悔しい思いもしていたのですが、その後、朗報が訪れました。マイナカードと健康保険証を紐付ければ、病院やクリニック、薬局で支払った医療費のデータが、e-Taxに医療費控除のデータとして取り込めるようになったのです。

配偶者や子どもの医療費も、マイナポータルの「代理人サービス」を利用することで、まとめて取り込めます。マイナカードとe-Taxが連携する「医療費通知情報」は、2021年9月からスタートしました。私は、このサービスだけでも、マイナカードと健康保険証を紐付けした意味があったと思っています。

また、マイナカードとe-Taxを組み合わせて確定申告すれば、健康保険料や年金のデータも取り込めます。

このような便利さを味わうと、e-Taxなしの確定申告は考えられなくなるでしょう。

会計ソフトを使おう

e-Taxを利用するには、会計ソフトを使って帳簿付けをしておくと便利です。現在、普及している会計ソフトのほぼすべてが、e-Taxに対応しています。

青色申告の場合、前述のとおり、「単式簿記」と呼ばれる方式の「簡易帳簿」では10万円の控除しか受けられませんが、「複式簿記」で記帳した帳簿を提出すれば55万円の控除が受けられます。そのうえでe-Taxを使えば、さらに10万円が上乗せされて65万円の控除が受けられます。

青色申告で必要とされる帳簿や書類は、会計ソフトを使うと家計簿感覚で作成できます。

最近はクラウド版が人気

さらに最近ふえているクラウド版の会計ソフトは、銀行やクレジットカード、交通系ＩＣカードなどと紐付けできるので、銀行口座の入出金の記録や買い物、公共交通機関での移動の記録がデータで取り込まれます。

つまり、キーボードからデータを打ち込む必要がありません。当然、記帳のミスも減ります。これから会計ソフトを導入したいと考えている人は、クラウド版を選んでみてください。

インボイス制度について知りたい!

２０２３年10月１日からスタートしたのが「適格請求書（インボイス）制度」です。直前に、フリーランサーの人たちが反対運動を起こしたことが話題になりましたが、撤回されることはありませんでした。

「インボイス制度」の正式名称は「適格請求書等保存方式」といって、要件を満たした請求書や領収書などの書類（これがインボイスです）があれば、売上げで得た消費税から、仕入れで支払った消費税を控除――つまり、差し引けます。

インボイス（請求書や領収書）には、次の項目が必要です。

①インボイス発行事業者の氏名、または名称
②登録番号
③取引年月日

④取引内容（軽減税率の対象品目かどうか）
⑤税率ごとに区分して合計した対価の額（税抜き、または税込み）、および適用税率
⑥消費税額等（端数処理は1インボイスあたり、税率ごとに1回ずつ）
⑦書類の交付を受ける事業者の氏名または名称

消費税の計算はどうする？

たとえば、イラストレーターがイラストの原稿を完成させて出版社に納品し、10万円の原稿料と、この金額にかかる消費税（売上税額、10％）1万円を得たとします。この原稿を描くために、紙や絵の具、資料などの材料費が6万円かかったとすると、代金のほかに消費税（仕入税額、10％）6000円を支払うことになります。

材料費は仕入れと見なされますので、税務署に支払う消費税は、「売上税額1万円－仕入税額6000円＝4000円」になります。

ただし、2年前の年間売上げが1000万円以下の免税事業者だった人が、新たにインボイスの登録番号を取得して課税事業者になった場合は、売上税額の2割のみを支払うだけでOKという特例もあります。2026年までの期限付き特例ですが。

インボイス制度に対応した請求書の例

請　求　書

2024年3月5日

No.　202403_001

株式会社〇〇〇〇〇　御中

〒001-1234
東京都新宿区矢追町1－2－3
大江戸　一郎㊞
登録番号　T1234567890123

下記の通りご請求申し上げます。

請求金額　　119,748　円

項目	単　価	数量	小　計
書籍表紙イラスト（カラー）	50,000	1	50,000
本文イラスト（モノクロ）	10,000	7	70,000
計		¥	120,000
消費税(10%)		¥	12,000
源泉徴収税・復興特別所得税		¥	12,252
合　計		¥	119,748

※個人宛になりますので、源泉徴収税と復興特別税を差し引いた額をお振り込みください。
また、支払調書の送付をお願いいたします。

振込先

(銀　　行) ＡＢＣ銀行　新宿支店
(口座番号) 普通口座　１２３４５６
(口座名義) 大江戸一郎
(口座略称) オオエドイチロウ
(住所)　〒001-1234　東京都新宿区矢追町1-2-3
(電話)　090-0000-1234
(Email)　ichiro@xxxxx.jp

インボイス制度に対応した請求書。登録したインボイスの番号を記載する。

課税事業者と免税事業者のちがいは、どんなところ？

ここで課税事業者と免税事業者のちがいを少し詳しく見てみましょう。

まず、仕入れの消費税を控除できるのは、税務署に登録をすませた「適格請求書発行事業者（課税事業者）」だけです。

個人事業主の場合は、基準期間（2年前の1～12月）の課税売上高が1000万円超の事業者は、税務署に申請し、課税事業者になる必要があります（法人の場合は2期前の事業年度）。

課税売上高が1000万円以下の場合は、課税事業者になることもできますが、「免税事業者」のままでいてもかまいません。

課税業者になると、インボイスを発行したり、売上税額と仕入税額から支払うべき消費税を計算して帳簿に付けたり、さらに確定申告をして消費税を支払ったりする必要があります。

事務の手間が増えて大変そうですが、パソコンと会計ソフトがあれば、そんなに面倒ではありません。

一方、免税事業者はインボイスを発行できません。また、売上げが消費税込みであっても、消費税を納税する義務がありません。

しかし、課税事業者は支払先からインボイスをもらえないと、支払った消費税を控除できません。よって、取引条件の変更（支払額の減額など）を申し出る可能性も出てきます。

ですが、免税事業者への支払いから消費税分を減額することは、下請法の観点から問題があります。

そのため、もしかすると何も言われないまま、支払先から仕事が切られることもあるかもしれません。ただし、そのような場合は独占禁止法違反になるようです。

多くの会計ソフトがインボイス制度に対応

免税事業者だった人が課税事業者になるかどうかは、発注先との力関係や信頼関係によって異なるため、個々に判断せざるを得ないでしょう。

ちなみに私の場合は、昔とちがって稼ぎは少ないので、当然、免税事業者でいられれるはずでした。実際のところ、マンガも出している大手出版社は、登録番号の有無を問い合わせてきましたが、「番号の有無にかかわらず支払いは従来どおり」という文面が添えられていました。

それでも私は登録番号を取得してしまいました。マンガ家やライターとしての仕事以外に、Ｗｅｂ関連で業務委託を受けている仕事もあったからです。

消費税の計算が大変かな……と思いましたが、インボイスについては、大半の会計ソフトが対応しています。仕訳入力の際に、自動的に消費税も計算されますので、まあ、なんとかなるだろうと気楽に考えています。

インボイスの「2割特例」について知りたい！

2023年秋にスタートしたインボイス制度では、売上げが1000万円以下の免税事業者が課税業者になった場合、納付すべき金額を、受け取った消費税の2割にする特例が、2023年10月1日からスタートすることになりました。ただし、特例というだけあって、実施期間は2026年9月30日までの3年間。その後の3年間（2029年9月30日まで）は支払う消費税が5割に増えるとのこと。どうせなら2割のままにしておいてほしいものです。

電子帳簿保存法はインボイスより大変？

インボイス制度に加えて、2024年1月1日からは「電子帳簿保存法（電帳法）」もスタートしました。

電帳法は、「仕訳帳や総勘定元帳などの国税関係帳簿」「貸借対照表や損益計算書などの決算関係書類」「請求書や見積書、領収書などの取引関係書類」をデジタル化して保存するよう求めるものです。

以前は、帳簿や書類は紙の書面で保存しなければなりませんでしたが、納税に関してもデジタル化が進み、データの状態でパソコンやクラウドへの保存が求められるようになったのです。

国税関係の帳簿や決算関連の書類は、会計ソフトを使っていればデジタルデータで保存されるので（これを「電子帳簿等保存」といいます）、あまり問題にはならないでしょう。

しかし、紙の書面で受け取った請求書や納品書、領収書などの書類をデジタル化するのは、少し大変です。スキャナーで書類をスキャンしたり、スマホのカメラで撮影したりしたものを、日付・内容・金額がわかるファイル名で保存する必要があるからです（これを「スキャナ保存」といいます。なお、「スキャナ保存」は国税庁で使われている呼称です。本書では「スキャナ保存」以外では「スキャナー」と表記します）。

ただ、さいわいなことに、「電子帳簿等保存」と「スキャナ保存」は義務ではなく、任意です。

しかし、メールに添付されてきたＰＤＦの請求書や領収書、あるいはオンラインシヨップからダウンロードした購入商品の領収書などの電子データ（電子取引データ）は、そのまま保存することが義務化されています。これを「電子データ保存」といいます。

確定申告でラクして得するには

電子帳簿保存法では、「電子帳簿等保存」と「スキャナ保存」は義務化されていません。

しかし、会計や確定申告に関連するデータの完全なデジタル化は、けっして悪いことではありません。

紙の帳簿や書類は分厚いものになるので、保管の場所も必要になりますが、デジタル化してしまえば、スペースの問題がなくなります。

また、さがし物も「検索」を使えば一瞬で、必要なデータを呼び出せます。

これからの確定申告やインボイス制度、電子帳簿保存法に対応するためには、会計処理のデジタル化が不可欠です。まだ紙の帳簿を使っている人は、この際ですので、一気に事務のＤＸ（デジタル・トランスフォーメーション）化を進めてしまいましょう。

デジタル化に対応するためには、当然、パソコンが必要になります。また、会計ソフトがあれば、記帳から申告までがラクになるでしょう。

会計ソフトはクラウド版にすることで、銀行口座やクレジットカード、交通系ＩＣカードなどの入出金記録も自動化され、ミスも防げます。

会計ソフトを使ってｅ-Ｔａｘで確定申告をすれば、青色申告控除額が最大の65万円になります。確定申告でラクして得するなら、パソコンと会計ソフトを使うこと。これに尽きます。

また、クラウド版の会計ソフトを使えば、高性能なパソコンは要りません。

電子帳簿保存法に対応するためには、一定の大きさ以上のディスプレイ、プリンター、スキャナーなどが必要になります。

まだデジタル機器の準備ができていない人は、急ぎ手配してください。紙の領収書やレシートをスキャンしてデジタル化するのなら、受領した日から2か月と7営業日以内に終えなければなりませんので。

これら会計処理のデジタル化や「電子帳簿保存法」についての詳細は、「第7章　電子帳簿保存法への対応はこれでＯＫ」（201ページ）をご覧ください。

第2章

確定申告に必要なものは？

©すがやみつる／小学館／TAITO CORPORATION

マイナカードは必需品

確定申告は、紙の申告用紙でも提出できます。ただし、自分で税務署まで提出しに行くか、税務署に郵送する必要があります。

毎年2月16日から3月15日までの1か月間が、基本的な確定申告の提出期間です（締切日が休日の場合は1日程度延長される）。

この期間――とりわけ最終日に近い日に税務署に行くと、申告の順番を待つ人がズラリと並んでいて、うんざりしてしまいます。

その点、e-Taxは便利です。インターネットに接続できるパソコン（スマホでも）があれば、オンラインで提出できるので、税務署まで出かける必要がありません。

すでに説明しているように、e-Taxによる提出でなければ65万円の青色申告特別控除は受けられません。このe-Taxに必要なものがマイナカードです。

ネガティブな評判も耳にするマイナカードですが、e-Taxのユーザー認証以外にも、住民票や印鑑登録証明書、戸籍抄本などの証明書の交付がコンビニでできたり、パスポート更新のオンライン申請や新型コロナワクチン接種証明書の取得などもできたりします。一度その便利さを味わえば、手放せないものになるでしょう。

ICカードリーダライタがあると便利

マイナカードを使った個人認証には、マイナカードの読み取りができるスマートフォン（スマホ）を使う方法と、マイナカードを読み取るＩＣカードリーダライタをパソコンにつないで使う方法があります。

ＩＣカードリーダライタは、１０００円前後から量販店やアマゾンで売られています。私もアマゾンで安いＩＣカードリーダライタを購入して使っています。

ICカードリーダライタ。パソコンでマイナカードの情報を読み込むのに使う。

会計ソフトはクラウド型がオススメ

パソコンを使って帳簿を付け、確定申告をするのでしたら、会計ソフトが不可欠です。

会計ソフトは、大別すると、インストール型とクラウド型（またはオンライン型）の2種類があります。

インストール型はスタンドアローン型ともいい、会計ソフトのプログラムそのものをパソコンにインストールして使います。料金は購入時に1回払いのものが多く、何年も使うことを考えると、安上がりです。ただし、バージョンアップの対応などは自分でしなければなりません。

クラウド型は、インターネットに接続したパソコンで、Ｗｅｂサーバーに置かれた会計システムを利用します。1年ごとに料金が発生するサブスクリプションタイプのものが多いので、長期間使っているとインストール型よりも高くつくことになります。

しかし、クラウド型の会計ソフトには、第1章で紹介したこともふくめ、次のような利点もあります。

・オンラインなので、異なる場所から、異なるパソコンで作業ができる。また、複数の人が操作できる。
・タブレットやスマホでも操作できるものが多い。
・バージョンアップはシステム側でやってくれるので、ユーザー側は何もする必要がない。
・銀行口座、クレジットカード、各種ICカードなどと紐付けることで、入出金データが自動的に記録できる。そのため入力のミスも減る。

クラウド型会計ソフトの種類

インボイスや電子帳簿保存法に対応するクラウド型会計ソフトで、個人事業主向けのものとして人気があるのは、次の3種です。

・弥生会計オンライン

・ｆｒｅｅ
・マネーフォワード

いずれも低料金で操作法が簡便なところが、会計事務が苦手な個人事業主やフリーランサーの間で人気が高い理由のようです。

クラウド型の会計ソフトは、どれも銀行口座やクレジットカード、交通系カードとのリンクが可能。自動入力の設定をしておけば、定期的に指定した口座やカードの履歴にアクセスし、入出金のデータを取り込んでくれます。

仕事で使ったものだけを帳簿に移していけば、自動的に確定申告に必要な資料ができあがるので、とても便利です。

仕事のために使った経費の支払いも、銀行振込みやクレジットカード払いにすることで、支払先のデータも一緒に取り込んでくれます。

この便利さを一度体験したら、手入力の記帳にはもどれません。現金での支払いがあったとしても、数は少ないので、記帳の手間を大幅に省けます。

経費の支払いに振込みやカードを使う具体的な方法については、次の第3章で説明していますので、そちらをお読みください。

なお、医療費や社会保険料、年金などのデータをマイナポータルと連携できる会計ソフトは、ここで紹介したなかでは、いまのところ「ｆｒｅｅｅ」だけです。

人気の会計ソフト「freee」のサイト。登録をすると使用できる。

人気クラウド型会計ソフトの比較

	マネーフォワード クラウド	やよいの青色申告 オンライン	会計freee スターター
料金	15,360円／年	初年度：無料 2年目以降：8,800円／年	11,760円／年
仕訳登録	○	○	○
帳簿・書類作成	○	○	○
e-Tax申告	○	○	○
口座連携	○	○	○
レシート読込	○	○	○
マイナポータル連携	×	×	○
消費税対応	○	○	○ （2024年4月1日で終了※）

※上位版「スタンダード」「プレミアム」は消費税に対応

第3章

入出金はキャッシュレスで管理しよう！

©すがやみつる／小学館／ TAITO CORPORATION

会計ソフトと銀行口座の連携が基本

確定申告のデジタル化は、会計ソフトの導入が基本です。それも銀行口座やクレジットカードと連携できる会計ソフトにすべきです。何度も繰り返しますが、クラウド型会計ソフトなら、銀行口座やクレジットカード、電子マネーなどと連携できるからです。

銀行口座と連携すれば、口座の入出金データを自動的に会計ソフトに取り込むことができ、帳簿の作成も時間がかからなくなります。この便利さを一度でも体験したら、預金通帳を見ながら会計ソフトに取引内容や金額を打ち込んでいたことが、むなしく感じられることでしょう。

飲食店や商店の経営者なら現金を扱うことも多いでしょうが、マンガ家やイラストレーター、小説家、ライター、作詞・作曲家、俳優、声優などのフリーランサーは、収入のほとんどが銀行振込になっているはずです。

ということは、会計ソフトと銀行口座を連携すれば、売上げ（報酬）の入力については、入金された金額などを自分で打ち込む必要がない、ということになります。

売上げと源泉所得税

まず入金から見ていきましょう。

マンガ家やイラストレーター、小説家、ライター、作詞・作曲家、俳優、声優などのフリーランサーに支払われる原稿料や出演料などは、出版社や音楽出版社、テレビ局、芸能プロダクションなどから、「消費税」を加算され、「所得税」と「復興特別所得税」が源泉徴収された金額が、銀行口座に振込まれてきます。

第1章の「確定申告で税金がもどることも」でも述べたとおり、消費税は10％、所得税は、支払額（売上額）が１００万円までは10％、１００万円を超えた額については20％の金額が、それぞれ差し引かれます。

復興特別所得税は、東日本大震災の復興事業に充てるための税金で、２０１３年から２０３７年までの25年間、差し引かれることになっています。その税率は、支払額が１００万円までは０・21％、１００万円を超える金額に対しては０・42％です。

源泉徴収される所得税と復興特別所得税を合わせた源泉所得税は、いわば税金の前払いです。確定申告の結果、支払うべき所得税が、源泉所得税の額よりも少なければ、その差額を払いもどしてもらえます。

私は駆け出しのマンガ家だった頃、原稿料は高くないのに仕事の量だけはありました。そのためアシスタントが必要で、その人件費がかかり、いわゆる「連載貧乏」という状態でした。

おかげで確定申告をするたびに源泉所得税からの払いもどし（還付）があって、ボーナスのように感じたものです。確定申告に熱心に取り組んだのも、この還付制度のおかげかもしれません。

現金収入があった場合は？

マンガ家などのフリーランサーでも、現金での支払いを受けることがあります。サイン会やインタビューの謝礼、イベントなどへの出演料が現金で支払われ、その場で領収書にサインをすることも珍しくありません。私の場合で、1年に数回ですが。

領収書にサインする際は、消費税の税率と金額を確認し、課税事業者でしたらインボイスの登録番号も書き添えましょう。もちろん住所、氏名も必要です。

現金での収入があったら、これは自分で会計ソフトに打ち込むしかありません。支払いを受けた相手、摘要、受け取った金額、消費税額を会計ソフトに入力してください。

支払いはデビットカードで

次は支払いです。

会計ソフトには、銀行口座のほかにクレジットカードや電子マネーも連携させましょう。こうすれば出金データも自動的に会計ソフトに取り込めるからです。

私は、仕事の経費となる支払いには、現金かクレジットカードを使っていました。しかし、会計ソフトにクレジットカードを連携させてからは、現金での買い物は避けるようになりました。もちろん会計ソフトへの入力作業を減らすためです。現在は、新しく取得したデビットカードで日常の支払いをするよう心がけています。

デビットカードは、銀行口座の残高の範囲でしか使えません。また、利用と同時に口座から代金が引き落とされます。

デビットカードはさまざまな金融機関から発行されている。

そのためリアルタイムで経費の支払い状況がわかり、会計ソフトへの取り込みも早くなります。

デビットカードについては、まだ耳慣れない人もいるかもしれませんが、世界では決済件数の66％、決済金額の52％がデビットカードになっています（ビザ・ワールドワイド・ジャパン、２０２２年2月発表資料）。

しかし、日本では、キャッシュレス決済の比率は36％（１１１兆円）になっているものの、その内訳は、クレジットカードが30・４％（93・８兆円）、コード決済が２・6％（７・9兆円）、電子マネーが２・０％（６・１兆円）、デビットカードが１・０％（３・２兆円）と、デビットカードの使用率は高くありません（経済産業省、２０２３年4月7日発表の広報資料「２０２２年のキャッシュレス決済比率を算出しました〜キャッシュレス決済比率は36・０％、決済額は初の１００兆円超えに拡大〜」による）。

日本では電子マネー（Ｓｕｉｃａ、ＩＣＯＣＡ、ＰＡＳＭＯなどの交通系ＩＣカード）が普及しており、そのうえＰａｙＰａｙに代表されるコード決済（スマホに表示されるバーコードやQRコードによる決済）が普及していることから、デビットカードを使う人は、まだ多くないようです。

デビットカードに対応した端末を備えたレジなら、交通系ＩＣカードと同じように、タッチするだけで支払いが完了します。

タッチ機能付きの端末は、普及が遅れている感がありましたが、最近は、あちこちで見かけるようになりました。インバウンドの外国人旅行客も、これで安心してデビットカードを使えるようになるでしょう。もちろん私もです。

クレジットカードとしても使える

タッチ機能付きのデビットカード端末がなくても問題はありません。クレジットカードとしても使えるので、端末にデビットカードを入れて暗証番号を入力すれば、支払いは完了です（デパートやスーパーでの支払いでは、暗証番号の入力を省略できることも多いです）。

また、デビットカードは、iPhoneやAndroidのスマホにも機能を設定できます。駅の改札をはじめ、タッチ決済の端末が増えていますので、慣れると便利に使えます。

さらにメールアドレスを登録しておけば、デビットカードを使うたびに、決済状況がメールで届きます。何らかの事情で会計ソフトとの連携がうまくいかなかったときでも、メールで決済状況が届いていれば、自分で記帳する際にもコピペで完了します。

デビットカードが普及しない理由

このように、いいことずくめのようなデビットカードですが、日本では普及が進みません。その理由としては、次のようなことが挙げられています。

1　ポイントなどの還元率が低い
2　クレジットカードの審査が海外に比べてゆるい
3　交通系ＩＣカードが普及している

一般のクレジットカードや交通系ＩＣカードは、使うたびにポイントが貯まります。私もクレジットカードのポイントを商品券に交換したり、Ｓｕｉｃａのポイントをカードにチャージしたりと、ありがたく使わせていただいています。

しかし、クレジットカードの場合、銀行口座への請求は1か月に一度。会計ソフトとの提携にも時間がかかるので、記帳されるまでには時間がかかります（実際の記帳ペースが数か月に一度といった人には、あまり大きな問題ではありませんが）。

次に、クレジットカードの審査がゆるい件についてですが、これは海外と比較してのこと。日本人の律儀な性格が信頼されてなのか、銀行系、流通系などのクレジットカードは、ある程度の収入があれば審査が通ります。

私が最初にクレジットカードを取得したのは50年ほど前のことですが、フリーランスのマンガ家では、クレジットカードが持てませんでした。同年代のサラリーマンより多くの収入があったのに、稼ぎが持続する保証がないからというのが理由です。ようやく持てたクレジットカードは外資系でしたが、2年分の納税証明書を提出したら、最初からゴールドカードになりました。

その頃に比べると、クレジットカードの審査はゆるやかになっています。それでも専門学校や大学を卒業と同時にフリーランサーになったような人は、クレジットカードを持つのに苦労するかもしれません。会社員に比べると、やはり「信用」がないからです。

しかし、学校を出ていきなり自営業者やフリーランサーになってしまった人でも、銀行に預金口座があれば、デビットカードは作ってもらえます。年齢の条件も15歳以上（中学生は除く）と、クレジットカードの18歳以上（高校生は除く）に比べてゆるやかです。デビットカードは、利用するたびに口座から代金が引き落とされるため、未払いが生じる心配がないからです（口座の残金が不足していれば、支払いができません）。

学校を出たばかりでクレジットカードの準備ができていないフリーランサーなら、デビットカードの利用を考えてもいいのではないでしょうか。

便利で不便な交通系ICカード

デビットカードが普及しない最後の理由は、交通系ＩＣカードが定着しているからだとされています。

皆さんも、ＳｕｉｃａやICOCA、ＰＡＳＭＯなどの交通系ＩＣカードに代表される電子マネーを使っているのではないでしょうか。

いずれもプリペイド（前払い）タイプで、駅の発券機でチャージするほか、一定の金額を下まわると、駅の改札でタッチしたときに設定金額が自動的にチャージされる仕組み（オートチャージ）もあります。また、モバイルＳｕｉｃａのようなスマホ組み込みタイプのものなら、オンラインでのチャージも可能です。

私もJR東日本発行のＳｕｉｃａを日常的に使い、会計ソフトにも連携させています。

しかし、この交通系ＩＣカードですが、便利な面と不便な面があります。

交通系ICカードの便利な点

便利なのは、当たり前ですが、電車を利用したとき。乗車駅・降車駅・料金の記録が自動的に保存されるため、旅費交通費の記帳や計算がとてもラクになります。

バスは、利用したバス会社の名称と料金しか出ませんが、バス会社の名前がわかれば乗降地も思い出せるでしょう（ちなみに私は、70歳以上の東京都民が利用できる「東京都シルバーパス」を持っているため、都内のバス全路線、都営交通機関がすべて無料です）。

ただし、時間が経つと、どこに行ったかも忘れてしまうことがあります（私のような高齢者は、とくにそうです）。

私は、どこに行ったのか思い出せないことを想定して、「Googleマップ」の「タイムライン」機能をオンにしてあります。

タイムラインは、Googleマップの地図上に、毎日の移動経路を表示し、経路の詳細を一覧で表示してくれる機能です。

この機能を使うには、iPhoneやAndroidのスマホで、Googleマップのアプリを開き、タイムラインの画面で「位置情報」と「ロケーション履歴」を有効（ＯＮ）にする必要があります。詳しくは、下のＱＲコードをスマホで読み取り、表示される説明文を読んでください。

iPhone用
QRコード

Android用
QRコード

スマホでタイムラインの設定をしてあれば、パソコンのブラウザでＧｏｏｇｌｅマップを開いたときにも、タイムラインの機能が使えます。

タイムラインには、写真もリンクできます。たとえば飲食店で食事をしたり、商店で買い物をしたりしたときは、その場でレシートを写真撮影しておくと、あとでタイムラインの一覧から確認ができます。

行った場所や経路を忘れがちな方は、ぜひ、タイ

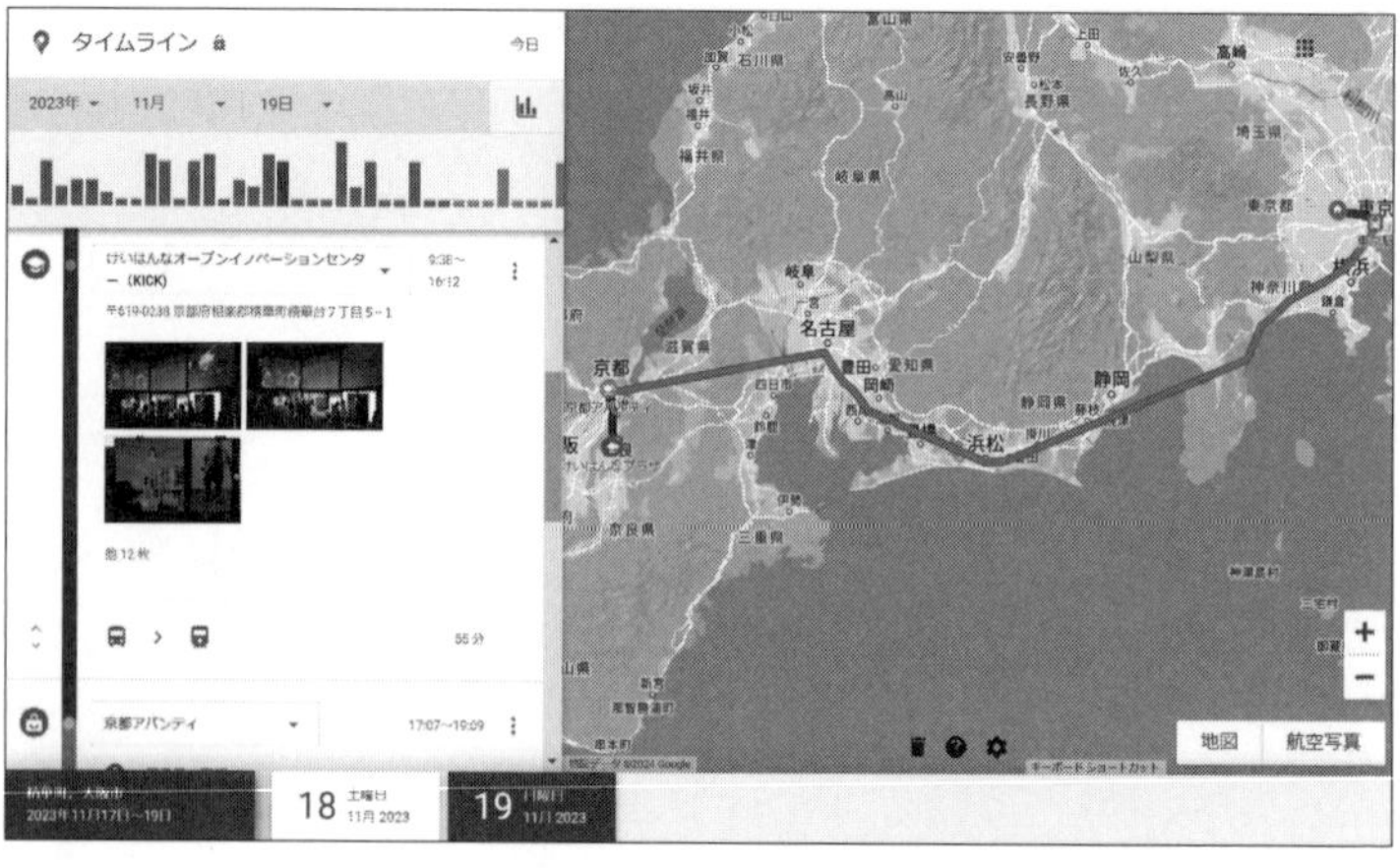

Googleマップでタイムラインの設定をしておくと、その日の移動経路が表示される。

ムラインを試してみてください。

交通系ICカードの不便な点

交通系ICカードが不便なのは、買い物や飲食の支払いに使ったとき。会計ソフトにSuicaの利用履歴データを取り込んでも、買い物や飲食の支払いは「物販」としか表示されないのです。

そのため交通系ICカードで支払いをした店名は、受け取ったレシートを見ながら自分で会計ソフトに入力するしかありません。これがけっこう面倒で、商品の購入や飲食の支払いには、Suicaは使わずに、クレジットカードやデビットカード、あるいはコード決済を使うようになりました。

JR東日本のSuicaの例を挙げましたが、JR西日本のICOCAも私鉄各社のPASMOも、商品購入や飲食代金の支払い履歴には、「物販」としか表示されません。この点が不便で、交通系ICカードの使用を控えている人は多いようです。

近頃、デビットカードも使える鉄道会社が増えているので、将来は交通機関利用の際にも、こちらを使うことになるかもしれません。

私は、コード決済のPayPayも使っていますが、チャージが必要なプリペイドではなく、クレジットカードからの引き落としにしています。これなら事前にチャージをする手間もかからないし、詳しい履歴も残るからです。

これからデビットカードを持つなら、ブランドデビットの一択

デビットカードを利用する場合は、口座を開いている銀行のWebサイトで申し込み方法を確認してください。現在、ほとんどの金融機関でデビットカードを扱っています。

デビットカードには「J-Debit」と「ブランドデビット」の2種類があります。J-Debitは金融機関のキャッシュカードを使うものですが、海外では使えません。使えるのは国内だけですが、利用できる店舗が多くありません。たとえばコンビニで使えるのはローソンだけと不便です。

ブランドデビットは、Visa、Master、JCBというクレジットカードの国際ブランドと提携したものです。もちろん海外での利用も問題ありません。専用カードが必要になりますが、タッチ決済で利用できる店舗も増えています。

タッチ決済用の端末装置がない店ではクレジットカード決済用の端末装置に差し込

んで使えます。これからデビットカードを持つならブランドデビットの一択でしょう。

ブランドデビットは、多くの金融機関から発行されています。年会費の有無やキャッシュバックの還元率などが発行金融機関によって異なります。また、金融機関によって、「キャッシュカードと一体になったもの」と「キャッシュカードとは別の独自デビットカードが発行されるもの」の2種類があります。

デビットカードを選ぶときは、比較サイトがいくつもありますので、それらを参考にしてください。

レシートの整理はどうする?

確定申告に関連して大きな問題となるのは、2024年1月1日スタートの「電子帳簿保存法」でしょう。現金での支払いはもちろん、クレジットカードやデビットカード、交通系ICカードやスマホの画面でのコード決済でも、レシートや領収書は保存しなければなりません。それもスキャナーでスキャンするか、スマホなどのカメラで撮影し、デジタルデータとして保存しなければなりません。

レシートや領収書(請求書や納品書も)については、第7章(201ページ)で詳しく説明していますので、そちらをご覧ください。

第4章

どこまで必要経費にできるの？

©すがやみつる／小学館／ TAITO CORPORATION

個人事業主の必要経費とは？

所得税は、収入から必要経費を差し引いた所得に対してかかる税金です。

つまり、必要経費の金額が大きくなればなるほど所得が減り、所得税も減ることになります。

「なら、ジャンジャンとメシ食って、酒飲んで、これを必要経費にして所得を減らそう！　所得税も安くなってバンバンザイ！」

こんなことを考えると、すぐに採算がとれなくなります。会社だったら、あっという間に倒産でしょう。

そもそも〈必要経費とは、仕事で収益を得るためにかかった経費のこと〉で、個人の私的な買い物や飲食に使った費用は、経費にできません。このあたりを勘ちがいすると、税務調査が入ったときに、手痛いペナルティーを受けることになります。

必要経費として認められるには？

では、どんなものなら必要経費として認められるのでしょう。その条件は、以下のとおりです。

①税務署からの指摘に胸を張って回答できること
②金額が経費として常識の範囲内であること

いきなりのブッチャケ回答になってしまいましたが、これが究極の必要経費です。税務調査や査察が入ったときは、きちんと使途を説明できなければいけません。

私は長年マンガ家をしていますが、税務調査を受けたのは1回だけ。ただし、調査されたのは個人の確定申告についてではなく、経営していた会社の経理内容についてでした。

調査が入ったのは1988年のこと。マンガの執筆がメインの業務なのに、87年度の決算で「国際通信費が突出して多い」と判断されたことが、調査の理由でした。

私は、85年からパソコン通信をはじめていましたが、接続する先はアメリカやヨーロッパでした。当時はＫＤＤ（当時）が提供する高額な国際データ回線を使う必要があり、そのために、国際通信費がかさんでしまっていたのです。

当時から私は、マンガ以外に、パソコンやモータースポーツに関する本や記事を書いていました。そのためにアメリカのネットに接続して、情報を集めたり、通信のテストをしたりする必要があったのです。

また、アメリカのマンガ関係者にも手伝ってもらって、日米間でのマンガの電送実験もしていました。

「マンガの原稿を出版社に送るだけでなく、マンガをパソコンやテレビの画面で見る時代が来ます。その時代に備えての研究をしているんです」

と説明したところ、税務署員さんは納得してくれ、ペナルティーを受けることもありませんでした。

「マンガの原稿をパソコンで送れるようになるまで、あと何年くらいかかりますか？」

税務署員さんは、帰り際にこんなことを質問してきました。

「おそらく5年くらいで……」

と答えたのですが、実際にマンガの原稿を出版社にネットで送るようになるまでには、それから15年ほどかかりました。

いまはマンガも液晶タブレットやタブレット端末で描くのも当たり前。当然、原稿の送信もインターネット経由です。

このときは、高額の国際通信費に目をつけられたのですが、正当な経費であることを説明できれば、調査員にも理解してもらえます。

「税務調査を受けたときには、不正がなくても小さなミスを作っておき、それを調査員への〈お土産〉にするといい」というような「伝説」もありましたが、そのようなことはしませんでした。

現在はコンプライアンス（法令遵守）の問題もありますので、ヘタな小細工などすれば、「何か隠したいことがあるからこんなことをするのでは？」と、かえって怪しまれることになるでしょう。

私の会社の国際通信費もそうでしたが、経費の金額が常識以上に高額と判断されると、それが正当なものかどうかをチェックされます。もし突出して金額が大きな経費があった場合は、それが正当な額であることを示す証拠を提示できるようにしておきましょう。

経費として認められるのは、どんなもの？

個人事業主の確定申告で、経費と認められるものには、どんなものがあるでしょう？

会計ソフトでは、毎日の入出金の内容と種類を時系列に入力します。この作業を「仕訳《しわけ》」といい、記入される帳簿が「仕訳帳《しわけちょう》」になります。

入出金の種類に当たる分類項目の名前は「勘定科目《かんじょうかもく》」と呼ばれ、大きく次の5項目に分かれています。

①資産……保有する現金、有価証券、土地などの財産全般。
②負債……借入金や買掛金などの債務全般。
③純資産……資産から債務を差し引いた純資産。資本金、利益剰余金などもふくむ。
④収益……事業で得られた売上げ、受取利息などの収入全般。

⑤費用……収益を生み出すために必要とした仕入れ、人件費、消耗品費などの支出全般。

このうち「⑤費用」が必要経費に当たります。
いちおうですが、国税庁が示す「必要経費」の要項も紹介しておきましょう。

①総収入金額に対応する売上原価その他その総収入金額を得るために直接要した費用の額
②その年に生じた販売費、一般管理費その他業務上の費用の額

仕事による収入金額を得るために必要とした費用全般が必要経費となり、一般的には次のような科目に分類されています。

◎租税公課……個人事業税、固定資産税、自動車税、印紙税など
◎荷造運賃……荷物の運送費、梱包費など
◎水道光熱費……水道・電気・ガスの料金

◎旅費交通費……電車やバス、タクシーなどの交通費と宿泊費
◎通信費……郵便、電話、インターネットなど料金
◎広告宣伝費……チラシやネット広告などの宣伝・PRに要した代金
◎会議費……取引先との打ち合わせや飲食に要した費用
◎接待交際費……得意先の接待や贈答の費用
◎損害保険料……火災保険、地震保険、自動車保険などの保険料
◎修繕費……設備の修理などに要した費用
◎消耗品費……高額ではない物品の購入費用
◎減価償却費……高額な資産の減価償却費用
◎福利厚生費……従業員のための茶菓代など
◎給料賃金……従業員の給与・賞与など
◎外注工費……外注アシスタントなどへの支払い費用
◎支払報酬料……弁護士・税理士への報酬や原稿料など
◎利子割引料……借入利息や手形の割引料など
◎地代家賃……仕事場の家賃など
◎貸倒金……売掛金・貸付金などが未収になった場合の損失金

◎新聞図書費……新聞、雑誌、書籍などの購入費用
◎雑費……他の科目に該当しない費用

これらの科目のうち、個人事業主やフリーランサーの方が戸惑いやすいものについて、少し詳しく説明していきましょう。

必要経費として認められる代表的なもの

◎ 租税公課

租税公課は、要するに税金のことです。

個人事業主が支払う税金には、個人事業税、固定資産税、自動車税、印紙税などがあります。

個人事業税は、第1章でも述べたとおり、特定の職種にかかる地方税です。仕事で得た所得にかかる税金なので、全額を必要経費にできます。ただし、フリーランス系の職種は個人事業税の対象外になっているので、ここは関係ありません。

固定資産税は、土地・建物などにかかる地方税です。自宅で仕事をしている場合、使用している面積に応じて支払税額を按分《あんぶん》（割合によって分けること）するなどして、必要経費に算入できます。都市計画税も支払っている人は、固定資産税と同様に支払税額を按分すれば、必要経費にできます。

自動車税は、所有する自動車の使い方によって、必要経費にできる場合とできない場合があります。所有する自動車を１００％仕事に使っていれば、その自動車にかかる自動車税は、全額を必要経費にできます。プライベートと仕事の両方に使っている場合は、使用した時間や走行距離から仕事に使った割合を求め、その割合の税額を必要経費にしてください。

印紙税は、契約書や領収書に貼られる収入印紙の代金で、全額が必要経費になります。ただし、収入印紙が必要なのは、紙の「文書」だけです。最近は、契約書や領収書もＰＤＦなどの電子文書でやりとりされることが多くなりました。このような紙でない文書なら、収入印紙は不要です。

◎ 水道光熱費

水道光熱費は、水道・ガス・電気の支払料金です。仕事のために独立した家屋を保有していたり、アパートの部屋を借りたりしている場合は、そこにかかる水道光熱費の全額を必要経費に算入できます。

自宅で仕事をしている場合は、仕事に使っている部屋の面積や仕事をしている時間から、仕事に要した水道光熱費を按分で算出してください。

◎旅費交通費

仕事に要した交通費、宿泊費の全額が必要経費になります。もちろん領収書やレシートの保管は忘れずに。

個人事業主やフリーランサーの場合、通勤する人は少ないと思います。でも、もしかすると離れた場所に仕事場や店舗をかまえ、通勤している人もいるかもしれません。通勤のために電車やバスを利用しているのでしたら、その費用は「旅費交通費」ではなく、勘定科目に「交通費」を追加して、そちらに分類してもいいかもしれません。

個人事業主やフリーランサーが、旅費交通費に関連して気にするのは、新幹線や特急などのグリーン料金が、必要経費として認められるかどうかということ。

私は、新幹線では普通指定席を利用しますが、グリーン指定席を使うこともあります。混雑などで普通指定席の予約が取れないこともあるからです。

東海道や東北、北陸などの新幹線を利用することも多いのですが、車中ではかならず原稿を書くなどの仕事をしています。締切が迫った原稿を抱えていることも多く、集中して原稿を書くためには、グリーン料金も惜しみません。

また、湘南新宿ラインなどの在来線でもグリーン席はよく利用します。理由は新幹線に乗る場合と同じ。車中でパソコンを使って原稿を書きたいからです。

このようにグリーン席を確保するのは仕事のためなので、グリーン料金も遠慮なく必要経費に計上しています。税務調査が入ったときに仕事に必要なものだと説明できれば、グリーン料金を必要経費にしても問題はないでしょう。

◎ 通信費

郵便や電話、携帯電話、インターネットなどの料金全般が通信費になります。ただし、電話やインターネットを私用でも使っているのなら、水道光熱費と同様に、仕事で使った割合を按分で求める必要があります。

◎ 広告宣伝費

個人事業主やフリーランサーでも、商品や作品の広告や宣伝をすることは珍しくありません。

小説家やマンガ家は、新刊が出ると自前で買い取り、メディアやネットで紹介してくれそうな人に送ったりします。ＰＲしてくれるのを期待してのことです。

私も近頃は、電子書籍のＰＲをするために、フライヤー（チラシ）を印刷して飲食店やギャラリーに置いてもらったりしています。これがけっこう効果があるので、バカにはできません。

出版物もデジタルデータの割合が増えてくると、出版社を介さずに、作者みずからが作品を販売する例も増えてくることでしょう。

個人で作品を発行するのなら、宣伝広告やＰＲも自分でしなければなりません。最近は、自作の広告をネットに出すマンガ家やイラストレーターも増えていますが、当然ながら、これらの費用は必要経費になります。忘れずに計上してください。

飲食をともなう会合の費用は、経費にできる？

確定申告の必要経費で、よく問題になるのが「会議費」と「接待交際費」のちがいです。ここで、そのちがいについて考えてみましょう。

◎会議費と接待交際費

まず、会議費というと、会議のために必要な費用ということは見当がつきますね。コーヒーとかお茶とか、お茶菓子とかです。

フリーランサーの場合、喫茶店やカフェで打ち合わせする人も多いでしょう。そんなところで支払う代金は、当然、会議費として認められます。

でも、得意先との打ち合わせの際に、酒食をともなったらどうなるでしょう？　レストランや居酒屋で、ビールを飲みながら企画について話し合う――なんてことは珍しくありません。これは会議でしょうか？　それとも接待交際になるのでしょうか？

まず、会議費として認められるのは、飲食にかかった代金だけです。飲食以外の贈答品などにかかった費用は、接待交際費になるので注意してください。

また、本来の意味での会議費として認められるのは、会議の席で供された茶菓の費用に限ります。つまり、コーヒーやお茶、簡単なお茶菓子程度です。

ここで「本来の意味での会議費」と限定したのは、「本来の意味でない会議費」もあるからです。それは取引先の人などとの酒食をともなう会食などを指します。

お酒や食事をともなった飲食は、常識的に考えると「接待交際費」になるような気がするのですが、国税庁の見解はそうではありません。

「飲食をともなう会合に要した経費は、1人当たり5000円以下なら会議費にしてかまわない。それ以上だったら接待交際費に」というのが国税庁の指針です。

つまり、3人の会食で2万円支払った場合は、1人当たりの金額が5000円を超すので、会議費としては認められず、接待交際費になります。でも、4人の会食で2万円ならば、1人当たり5000円なので、会議費としてもOKということです。

ただし、会議費として認められるためには、「会議の内容」についても帳簿に記録しておく必要があります。

会議の内容とは、「いつ（年月日）」「どこで（店名と住所）」「誰と（参加者の氏名・所属・人数）」を示すものです。

「誰と」には取引先など外部の人がふくまれていなければなりません。本人と従業員だけの会食などは「福利厚生費」の扱いになります。

「いつ」と「どこで」は、お店でもらった領収書やレシートに記載されています。このレシートに「誰と」をメモして保存しておけば、会議費の要件を満たします。

なお、２０２４年１月１日からは、電子帳簿保存法が施行されるため、領収書やレシートのスキャン保存も認められます。ちょっと面倒ですが。

（追記：２０２３年12月22日に閣議決定した「令和６年度税制改正の大綱」により、本文中で５０００円とした接待交際費の下限額は、２０２４年４月より１万円となることが決まりました。つまり、１万円以下なら会議費にできるということです。）

消耗品費と雑費のちがいは何?

会議費と接待交際費のように、購入した物品の勘定科目をどちらにしたらいいのか迷うのが、消耗品費と雑費です。このちがいは、どこにあるのでしょう?

消耗品費に該当するのは10万円未満

国税庁は、消耗品費を次のように定義しています。

①帳簿、文房具、用紙、包装紙、ガソリンなどの消耗品購入費
②使用可能期間が1年未満か取得価額が10万円未満の什器備品《じゅうきびひん》の購入費

取得価額が10万円未満であるかどうかは、税込経理方式または税抜経理方式に応じ、その適用している方式により算定した金額によります。

消耗品費に該当する消耗品のポイントは、10万円未満かどうかです。消費税込みか消費税抜きかは、それぞれの経理の方針にしたがいます。どちらかに統一してください。

なぜ10万円で区切られるかといえば、10万円超の物品は、「減価償却」が必要な「資産」とみなされるからです(こちらについては、次に説明します)。

同じく国税庁は、雑費を次のように、あっさりと定義しています。

・事業上の費用で他の経費に当てはまらない経費です。

この定義だと、何でもかんでも雑費になりそうですが、そういうわけではありません。

取材や荷物の運搬用に借りたレンタカーの料金、仕事場の引っ越し料金、粗大ゴミの処分費用といった「一時的な支払い」が雑費になります。

ここでは粗大ゴミの処分費用を雑費の例に挙げましたが、似たものに日常のゴミ処分費用があります。多くの自治体で売られている可燃ゴミや不燃ゴミを処分するためのゴミ袋は、定期的に使用されるものなので、消耗品費にしてください。

「日常的に使うものは消耗品費」「一時的に使うものは雑費」と区別するといいでしょう。

「他の経費に当てはまらない経費」なら雑費にできるのですが、必要経費の中で雑費の額が大きいと、税務署からのチェックを受けやすくなるともいわれています。雑費の金額が経費全体の5〜10％を超えるようなら、ほかの勘定科目に入れられるものがないか、確認してみましょう。

当てはまるものがなければ、新しい勘定科目を追加してもかまいません。

減価償却費って何？

減価償却費は、10万円以上の「固定資産」のうち、時間が経つにつれて価値が減ずる物品やソフトウエアの購入費用を、「耐用年数」に応じて分割し、毎年の経費に充当するものです。また、耐用年数が1年超のものに限られます。

耐用年数はこまかく決められている

固定資産の耐用年数については、所得税法と法人税法の規定にもとづく「減価償却資産の耐用年数等に関する省令」で、「法定耐用年数」として、こまかく決められています。個人事業主やフリーランサーが購入することが多い固定資産の例を見てみましょう。

・自動車（普通車）……6年

・自動車（小型車＝軽四）……4年
・自転車……2年
・パソコン（サーバー用）……5年
・パソコン（一般用）……4年
・ディスプレイ……5年

たとえば40万円のパソコンを買った場合、4年間にわたって毎年10万円ずつを経費に計上します。パソコンは資産として「固定資産台帳」などに記載されますが、その資産の価格（「簿価」といいます）は毎年10万円ずつを差し引いた金額になります。

パソコンを購入してから4年が経過し、償却が終わったら、固定資産台帳には簿価を1円として記入します。これを「残存簿価」といいます。

1円の価値がある資産として残すのは、減価償却の耐用年数が過ぎても、パソコンを使っている場合です。資産としては残っているので、帳簿にも記載されていなければなりません。その帳簿上の価値を1円としているわけです。

ちなみに、この残存簿価1円という金額は、税法で決められたものです。

買い換えなどでパソコンを廃棄したときは、残存簿価1円を「固定資産除却損」として帳簿に記載し、最終的に固定資産台帳から取り除きます。

固定資産も個人利用のものはダメ

固定資産の例として自転車も挙げましたが、10万円以下のものでしたら、減価償却が必要な固定資産にはなりません。消耗品費などで計上してください。もちろん仕事に使うものでないと、必要経費とは認められません。

自転車で10万円を超すものといったら、高級なクロスバイクやロードレーサーになりそうです。これを仕事に使うといったら、長距離通勤用あたりでしょうか。『弱虫ペダル』のような自転車マンガを描いている人なら、高額な自転車を購入しても、仕事用の経費や固定資産として認めてもらえそうですが、通勤用となると判断は微妙になるかもしれません。

10万円超でも必要経費にできる特例も

なお、10万円を超す物品を購入した場合でも、30万円未満なら資産扱いされず、一括で必要経費にできる「中小企業者等の少額減価償却資産の取得価額の損金算入の特例」という制度があります。

これは中小企業や個人事業主を対象にした制度で、30万円未満の減価償却資産は、取得価額の合計が300万円に達するまで、その事業年度の損金とできる制度です。

パソコンなどの購入に便利な制度ですが、年度によって金額などの条件が変わることがあります。国税庁のWebサイトなどをこまめに覗くようにしましょう。

なお、一括償却については、通常の減価償却とちがい、最後の年の償却の際に1円を残す必要はありません。

従業員の給与や外注費は、どのように計上するか？

◎給料賃金

第1章で述べたとおり、青色申告をしている人は、家族を従業員にしている場合、必要な手続きをしていれば、その給与は「青色事業専従者給与」として必要経費にできます。この手続きをしていないと、仕事を手伝ってもらった家族に報酬を支払っても、それはお小遣いとみなされ、経費にはできません。

その他の従業員の給与や賞与は、全額を経費にできます。

ただし、個人事業主が従業員を雇った場合には、雇った日から1か月以内に、所轄税務署に「給与支払事務所等の開設・移転・廃止届出書」を提出しなければなりません。

また、個人事業主でも、従業員を雇用すると「源泉徴収義務者」になります。つまり、従業員に支払う給与のうちから「所得税」と「復興特別所得税（２０３７年まで）」を源泉徴収して、これを税務署に納付する義務が生じます。

税額は、国税庁のＷｅｂサイトに掲載されている「給与所得の源泉徴収税額表」(https://www.nta.go.jp/publication/pamph/gensen/zeigakuhyo2022/data/01-07.pdf) で確認してください。

従業員に給与を支払った場合は、年末に「給与所得の源泉徴収票」を発行しなければなりません。

このあたりになると、事務処理にかなりの手間と時間がかかります。私個人の経験からですが、専任の従業員が１名でもいるようなら、配偶者などを青色事業専従者にして、経理事務を手伝ってもらった方が、仕事に専念できるかと思います。

また、利益が上がるようになってきたら、税理士さんの助けを借りましょう。

さらに、従業員が数名いるような事業規模になったら、個人ではなく法人（会社）にすることも考えてみてください。

国税庁「給与の源泉徴収税額表」

◎外注工費・支払報酬料

「外注工賃」というと、製造業者が下請け業者に支払う費用のような感じがしますが、それだけではありません。マンガ家が背景作画を外注したり、フリーのデザイナーが外部のイラストレーターやコピーライターなどに発注したりする仕事も、外注工費にふくまれます。

ここでややこしいのは「支払報酬料」という勘定科目とのちがいです。

支払報酬料は、弁護士や税理士などの専門家に対して支払った仕事の報酬に対して適用される勘定科目です。作家やマンガ家、イラストレーターなどに対する原稿料や画料も、支払報酬料にふくまれます。

しかし、マンガ家が背景の作画を外注アシスタントに依頼した場合は、前述のとおり外注工賃になります。

一方、フリーの編集者がアンソロジーと呼ばれる短編マンガ集の編集を請け負い、複数のマンガ家に短篇マンガの原稿を依頼したときの原稿料や印税は、支払報酬料になります。

マンガ家が外部のアシスタントに背景を依頼した場合と、フリーの編集者が外部のマンガ家に短編マンガの仕事を依頼した場合、どこにちがいがあるのでしょう？

それは、「仕事を請け負った側に〈裁量権がある／裁量権がない〉」のちがいとされています。

背景の作画を依頼された外注アシスタントは、発注主であるマンガ家から、構図や絵柄などの指定を受けるはずです。つまり裁量権は発注者のマンガ家にあり、アシスタントにはありません。このような仕事の報酬は、外注工賃にふくまれます。

それに対しフリーの編集者から短編マンガを請け負ったマンガ家は、受注者であってもストーリーや作画、締切などについては、裁量権を持っているはずです。このような、仕事の全部、あるいは、一部をまるっと請け負うような仕事に対する原稿料や印税が、支払報酬料になります。

外注工賃や支払報酬料の源泉徴収はどうなる?

マンガ家やイラストレーター、小説家、ライターといったフリーランサーの皆さんならとっくにご存知かと思いますが、出版社から銀行口座に振込まれる支払報酬料(原稿料や印税)には、消費税が加算され、そこから所得税と復興特別所得税が源泉徴収されているはずです(源泉徴収税と復興特別所得税は、消費税込みの金額に対するものと消費税抜きに対するものがあります。詳しくは「報酬や料金に対する源泉所得税の計算方法」(113ページ)をご覧ください)。

同じように、個人事業主やフリーランサーが外注先などに報酬を支払う場合も、基本的には所得税と復興特別所得税を源泉徴収しなければなりません。

ただし、源泉徴収をする必要があるのは、個人に対する報酬や料金のみです。支払先が法人（会社）の場合は、源泉徴収をする必要はありません。

源泉徴収の対象となる報酬・料金

個人に支払う報酬や料金が、すべて源泉徴収の対象になるわけではありません。国税庁のＷｅｂサイトによれば、源泉徴収の対象になる支払いは、次のようなものに限定されています。

①原稿料や講演料など
②弁護士、公認会計士、司法書士などの特定の資格を持つ人に支払う報酬や料金
③社会保険診療報酬支払基金が支払う診療報酬
④プロ野球選手、プロサッカーの選手、プロテニスの選手、モデルや外交員などに支払う報酬・料金
⑤映画、演劇その他芸能（音楽、舞踊、漫才等）、テレビジョン放送等の出演等の報酬・料金や芸能プロダクションを営む個人に支払う報酬・料金

⑥ホテル、旅館などで行われる宴会等において、客に対して接待等を行うことを業務とするいわゆるバンケットホステス・コンパニオンやバー、キャバレーなどに勤めるホステスなどに支払う報酬・料金
⑦プロ野球選手の契約金など、役務の提供を約することにより一時に支払う契約金
⑧広告宣伝のための賞金や馬主に支払う競馬の賞金

この一覧の報酬や料金のうち、たとえば「原稿料や講演料など」の支払いが「新人賞に応募して入選したときの1回の賞金が5万円以下」ならば、源泉徴収は不要です。新刊の出版記念パーティーを開いて、フリーのコンパニオンやホステスさんに来てもらったら、当然、報酬を支払わなければいけません。この場合、源泉徴収の計算方法が異なってきます。詳しくは国税庁のWebサイト「No．2792　源泉徴収が必要な報酬・料金等とは」（https://www.nta.go.jp/taxes/shiraberu/taxanswer/gensen/2792.htm）で確認してください。

国税庁「No.2792 源泉徴収が必要な報酬・料金等とは」

報酬や料金に対する源泉所得税の計算方法

原稿料や印税、税理士さんへの報酬や料金は、次の方法で計算した源泉所得税の税額を差し引いた額を支払います。

〈計算方法〉
・100万円まで
報酬・料金の金額×10・21％
・100万円超
報酬・料金の金額×20・42％

支払額が100万円を超えた場合は、100万円までの税率が10・21％、100万円超の税率が20・42％になります。
支払額が150万円だった場合の税額は、下の表のようになります。

源泉所得税の基準は、消費税込み？それとも抜き？

源泉徴収される所得税と復興特別所得税の税額は、支払額に消費税を加算した金額を基準に計算します。

しかし、受け取った請求書が消費税抜きの金額を元に源泉徴収税を計算していた場合は、その計算法にしたがってかまいません（その請求書に、消費税の計算法・税率・税額が明記されている必要があります。インボイスに対応した請求書なら、これらが記載されています）。

源泉所得税の納付期限とペナルティー

源泉所得税（源泉徴収した所得税と復興特別所得税）は、原則として、給与や報酬・

源泉所得税額の計算方法

支払額	1,500,000円
消費税	150,000円
税込み支払額	1,650,000円

源泉所得税
（所得税＋復興特別所得税）の計算

	1,000,000×0.1021＝102,100円
	650,000×0.2042＝132,730円
計	234,830円
差引支払額	1,415,170円

料金などを支払った月の翌月10日までに、国庫に納付します。

ただし、給与などを支払う人の数が常時10人未満の場合は、源泉所得税を半年分まとめて納付できる特例があります。

この特例を受けた場合、1～6月分の納付期限は7月10日に、7～12月分の納付期限は翌年1月20日になります。

納期を年2回にする特例を受けるためには、事前に「源泉所得税の納期の特例の承認に関する申請書」を所轄の税務署長に提出する必要があります（従業員が10人以上になるなど、条件を満たさなくなった場合は、「源泉所得税の納期の特例の要件に該当しなくなったことの届出書」を提出して、特例を解除してください）。

源泉所得税の納付が遅れると、ペナルティーとして10％の不納付加算税が課されます（税務署から指摘される前に納付すればペナルティーは5％ですみます）。

源泉所得税の納付方法は、第6章の「所得税の納付方法」（187ページ）をご覧ください。納付方法は、どちらも変わりません。

源泉徴収が不要な個人事業主

ここまでは、源泉徴収をする個人事業主を前提としていましたが、あなたが以下の事例に該当する場合は、外部の人に仕事を頼んでも源泉徴収をする必要はありません。

・給与を支払う従業員がいない個人事業主
（2名以下の家事使用人〈お手伝いさんなど〉は従業員には該当しません）

給与を払っているアシスタントがいるマンガ家が、仕事が遅れて外部のアシスタントに背景の一部を外注したら、その報酬は源泉徴収をする必要があります（支払額が5万円超の場合は、翌年の1月31日までに「支払調書」を支払先に送付する必要もあります。詳細は国税庁のｗｅｂサイトで）。

しかし、給与を払っているアシスタントがいなければ、源泉徴収は不要です。

個人で仕事をしているフリーランサーや一人親方なども、ほかの人に仕事を頼んだときに、源泉徴収をする必要はありません。

ただし、支払先の人には、「源泉徴収されていないこと、支払調書が送られないこと」を伝えておきましょう。支払先の人が、源泉徴収されていることを前提にして申告するかもしれませんので。

家賃や資料費、飲食代…どこまで経費として認められる？

◎地代家賃……仕事場の家賃など

自宅以外に仕事場を借りていたり、コワーキングスペースを利用していたら、それらの費用は全額が必要経費になります。

賃貸のマンションやアパートで仕事をしている場合は、家賃を部屋全体と仕事で使う面積で按分してください。その額を必要経費にできます。

◎新聞図書費……新聞、雑誌、書籍などの購入費用

マンガ家や小説家、ライターなどのクリエイターで、不可欠かつ最も費用をかけるのが、新聞図書費かもしれません。世の中の情勢やトレンドを知らなければならず、また、扱う題材やテーマによっては、新刊書籍だけではなく、高価な古書を集めたり

もしなければならないからです。

私の場合は、紙の新聞、雑誌、書籍のほかに、電子書籍の費用も新聞図書費として、必要経費に計上しています。また近頃は、紙の雑誌や本は買わずに、大半を電子書籍で購入しています。

電子書籍ばかりを購入するのは、「①老眼が進んで文字を拡大できる電子書籍の方が読みやすい」「②書庫や書棚から本があふれ、これ以上、紙の本や雑誌を入れるスペースがない」「③紙の本を減らさないと、私の死後に家族が処分に困る」といった理由によるものです。

私は電子書籍の購入をアマゾンに絞っています。その理由は、領収書をPDFで、購入履歴をエクセルのデータでダウンロードできるから。購入履歴のデータを入手する方法については「アマゾンの購入履歴はGoogle Chromeの拡張機能で」(126ページ)をご覧ください。

私は、紙の雑誌や書籍、電子書籍のほかに、オンラインで使用する辞書データベース(JapanKnowledgeやG-Searchなど)や生成AIの使用料も新聞図書費に計上しています。

個人の飲食代は経費で落ちない

さて、個人事業主が計上した経費のなかで、税務署員からよく指摘されるのが、飲食代だそうです。

個人で飲食した代金は、会議費や接待交際費では落とせません。

当たり前のことのように思えますが、「これくらいなら」と思うのか、あるいは人情（？）なのか、ついやってしまう人が多いようです。

私も人の子なので、手もとに領収書やレシートがあると、つい「これ経費にならないか……」なんて考えてしまいます。

こんな誘惑を断ち切る意味も込めて、個人的な飲食や買い物をしたときは、レシートを受け取らなかったり、受け取っても即座に破り捨てるようにしています。

また、従業員のいない個人事業主は、「福利厚生費」を勘定科目に入れることはできません。福利厚生費は従業員のためのものだからです。

従業員がいる場合は、忘年会などの費用を福利厚生費として計上できます。

ただし、従業員全員が平等に福利厚生の恩恵にあずかれる必要があり、金額は「社会通念上の範囲で」ということになっています。

ノマド・ワーカーのカフェ代は経費にできる?

私もそうなのですが、近頃は、カフェやファミリーレストランで仕事をする人が増えています。とりわけフリーランスの個人事業主は、ノートパソコンやタブレットがあれば、どこでも仕事ができてしまいます。

そのため、カフェを渡り歩いて仕事をする「ノマド(遊牧民)・ワーカー」も少なくありません。私も、そんなノマド・ワーカーの1人です。

ノマド・ワーカーの増加に合わせてでしょう、テーブルやカウンターに充電用のコンセントを備えたカフェも増えています。

このようなカフェで仕事をしたときのレシートは、当然ですが1人分しかもらえません。

ですが、私は、このようなカフェや喫茶店の代金も、会議費として計上しています。

最初は、1人分のドリンク代を会議費にしていいのかどうか迷いがありました。会議は１人ではできないからです（近頃は、ほかの客もいるカフェでオンライン会議に参加する迷惑な人もいますが）。

１人でカフェに入り、ドリンクを頼んでパソコンで原稿を書いた場合、このドリンク代を会議費にするのは、正直なところ、少し抵抗がありました。

それなのに、なぜ、カフェや喫茶店で仕事をしたときの代金を会議費にしているのかといえば、税理士さんに相談したときに、「会議費でいいと思いますよ」とアドバイスしてもらったから。

「少額なので『雑費』でもＯＫじゃないですかね」とも言われましたが、編集者との打ち合わせでカフェや喫茶店を利用することも多いので、「会議費」にまとめることにしました。

金額も３００〜５００円くらいの少額なので、レシートに「原稿執筆」などと書いておけば、税務署につつかれることはないだろうとのことでした。

利用の目的が仕事ならば問題ない

ネットで検索すると、「１人でカフェを利用したときは雑費、２人以上の打ち合わせでカフェを利用したときは会議費」にするようすすめる税理士さんもいました。カフェ利用の目的が明確であれば、会議費でも雑費でも大きな問題にはならない、ということのようです。

飲食をともなう会合でも、1人当たり5000円までだったら会議費として扱われます（2024年4月からは1人当たり1万円まで）。こんな点を見ても、国税庁の解釈は、それなりに柔軟にできているようです。

でも、少し困るのが、ハンバーガーショップで仕事をしたときの代金です。ドリンクだけだと少額なため、ノートパソコンを開いて仕事をするのは、少しはばかられます。

私は気がよわいので、ハンバーガーショップでは、どうしてもハンバーガーとドリンクをセットで注文してしまいます。800円前後になりますが、これなら1時間くらい居すわっても怒られないかな……と考えてのことです。

この場合、ドリンク代は会議費にできそうですが、ハンバーガー代はどうでしょう？　本来なら「個人のための出費」になるはずです。

実をいうと私は、このハンバーガー代も「会議費」に計上しています。

これは、「ハンバーガーセットの代金を、テーブルを時間借りするための場所代」と判断してのこと。セット価格のうちからドリンク代とハンバーガー代を切り分けるのも面倒だからです。

喫茶店で仕事をするとき、空腹を覚えてパスタやサンドイッチを食べることがありますが、食事だと意識したときは経費には計上しません。当然ですが。

経費の計上には領収書・レシートが必要

仕事のための支払いを経費として認めてもらうためには、証拠書類が必要です。流行りの言葉でいえばエビデンスですね。

証拠書類というと大げさに聞こえますが、これは領収書やレシートのこと。クラウド版の会計ソフトなら支払いの履歴は自動的に入力されますが、支払いの事実を証明するための証拠書類として、領収書やレシートも保存しなければなりません。

電子帳簿保存法によって、領収書もレシートもデジタルデータにして、パソコンで保存することもできます（電子帳簿保存法の「スキャン保存」は、スマホのカメラで撮影したものでもＯＫです）。

また、クラウド版の会計ソフトの多くは、スマホのカメラで撮影したレシート画像をＯＣＲ（オプティカル・キャラクター・リーダー＝光学的文字読み取り機能）でデータ化して、帳簿に取り込んでくれます。現金で支払った場合は、この方法でレシートの受領先や金額を取り込むといいでしょう。

クラウド版の会計ソフトは電子帳簿保存法に対応しているものがほとんどです。このような会計ソフトを使えば、スマホのアプリでレシートを撮影し、オンラインの会計ソフトに送るだけで、支払先や金額のデータの取り込みができてしまいます。さらに、電子帳簿保存法で求められるレシート画像の保存もできるので、とても便利です。

ネット通販や新幹線の領収書は？

通信販売で購入した品物の代金や、JR各社の新幹線料金、電話会社の通信料などの領収書（PDFが多い）は、オンラインでのダウンロードも可能です。支払履歴や領収書の保存期間が短い企業もありますので、こまめにダウンロードする習慣をつけましょう。

PDFなどで電子的に作成された領収書は、そのままパソコンの記憶装置（ハードディスクやSSD、DVDなど）、あるいはクラウドのファイル保管サービスに保存してください。これは電子帳簿保存法で義務化されています。

クラウド版の会計ソフトには、スキャン保存したデータを預かってくれるものもあります。

アマゾンの購入履歴はGoogle Chromeの拡張機能で

私は、オンラインショッピングや電子書籍の購入は、アマゾンを主体に使っています。前述したとおり、領収書はPDFで、購入履歴はエクセルで使えるCSVというデータ形式で、それぞれダウンロードできるからです。

これらのデータをダウンロードするには、インターネット用のブラウザ「Google Chrome（グーグル クローム）」の「拡張機能」を使います。

Chromeを使っていない人は、先にGoogleのWebサイト（https://www.google.com/intl/ja/chrome/）からChromeをダウンロードしてください。

Chromeをダウンロードして、インターネットに接続できるようになったら「Chromeウェブストア」にアクセスし、「Amazon注文履歴フィルタ」というファイル名を検索します。

「Amazon注文履歴フィルタ」のページが開いたら、「Chromeに追加」ボタンをクリックしてください。これで「Amazon注文履歴フィルタ」がインストールされます。インストールがすんだら、Chromeを再起動してAmazonにアクセスし、注文履歴のページにアクセスしてください。

Google Chromeのダウンロード先

「Amazon注文履歴フィルタ」の表示のさせ方

Google Chromeを立ち上げて、画面右上の「Googleアプリ」をクリック。表示されるウィンドウを下にスクロールして「Chromeウェブストア」をクリック。

「Chromeウェブストア」が表示されたら、検索ウィンドウに「Amazon注文履歴フィルタ」と入力して検索。

「Amazon注文履歴フィルタ」を開くと、領収書を表示させたり、注文履歴のデータをCSV形式でダウンロードしたりできる。

　表示された画面で「年」や「月」を指定すると、該当期間の「領収書印刷用画面」が「デジタル」と「デジタル以外」に分かれて表示されるので、どちらかをクリックしてください。指定した期間の領収書がPDFで表示されます。

　画面右上にある「注文履歴CSV（参考用）ダウンロード」ボタンをクリックすると、注文履歴がエクセルに読み込めるCSVファイルでダウンロードできます。

　このファイルを会計ソフトで読み込めば、帳簿付けの手間も省けるというわけです。

領収書がない支払いは、経費として認められない？

支出のなかには領収書やレシートを受け取れないものもあります。その場合は「出金伝票」を作成し、これを保存しなければなりません。

この出金伝票も、いまは紙で作成する必要はありません。ほとんどの会計ソフトが、キーボードから支払先、科目、金額を打ち込めば、自動的に出金伝票が作成できるようになっています。

領収書がもらえない支払いには、次のようなケースがあります。

・公共交通機関（鉄道、バス）の料金
・冠婚葬祭の慶弔費
・割り勘した飲食代

・自動販売機で購入した飲み物などの代金
・領収書を紛失した場合

では、それぞれの対応を見てみましょう。

公共交通機関（鉄道、バス）の料金

航空券や新幹線の料金は、領収書を受け取れます。

インターネット経由で、航空会社や鉄道会社のＷｅｂサイトから航空券や乗車券を購入した場合は、そのサイトから領収書をダウンロードできるので、それを電子データとして保管してください。

旅行代理店や航空会社の窓口、ＪＲの「みどりの窓口」などで航空券や乗車券を購入したときは、係員に口頭で領収書の発行を依頼します。

自動発券機で航空券や乗車券を購入した場合は、画面の「領収書ボタン」を押すかタッチすれば、チケットと一緒に領収書が発行されます。

ＳｕｉｃａやＰＡＳＭＯなどの交通系ＩＣカードでは、チャージしたときに領収書の発行をリクエストできます。

しかし、交通系ＩＣカードを使って電車やバスに乗ったときには、領収書がもらえません。

その場合は、ＩＣマークの付いた駅の自動券売機、チャージ専用機、多機能券売機で、直近の利用分最大１００件までの利用履歴を印字できるので（Ｓｕｉｃａの場合）、これを見ながら会計ソフトに入力してください。

ただし、前述のとおり、交通系ＩＣカードをクラウド型の会計ソフトにリンクしておけば、チャージした金額や乗車履歴（乗車駅・降車駅・金額）は、自動的に取り込まれるため、出金伝票を打ち込む手間が省けます。

冠婚葬祭の慶弔費

仕事のつきあいで結婚式に出たり、葬儀に参列したりすることは珍しくありません。当然、祝儀や香典を持っていきますが、これらも当然ながら経費になります。

しかし、領収書はもらえないので、これも出金伝票を作成します。

なお、慶弔費支払いの証拠として、結婚式の招待状や葬儀参列への礼状などを保存しておくようにしましょう。これらも「スキャン保存」が可能です。

割り勘した飲食代

クライアントなどと食事をしたとき、支払いが割り勘になることも、よくあります。こんなときは各人宛の領収書やレシートももらえません。

割り勘したときは、経費に算入できないのでしょうか？

そんなことはありません。これも出金伝票に支払先や参加者、参加人数を記入し、割り勘された金額を記入しておけば、経費と認められます。

ただし、領収書やレシートのない出金伝票だけの支払いが多くあると、税務署の調査が入ったときに怪しまれるかもしれません。何ごともほどほどに、というところです。

自動販売機で購入した飲み物などの代金

これも出金伝票で処理してください。金額は大きくないと思いますが、チリも積もればです。しっかり経費に計上しましょう。ただし、何ごとも程度というものはありますので、常識の範囲内でお願いします。

領収書を紛失した場合

こちらも出金伝票での処理になります。あまりにも紛失が多いと、税務調査のときにつつかれます。まずは領収書やレシートを紛失しないように気を付けること。この心構えを忘れないようにしてください。

第5章

税金がもどってくるかも？「控除」について知っておこう

©すがやみつる／小学館／ TAITO CORPORATION

所得控除とは何か?

第4章では、1年間の収入から差し引くことができる必要経費について説明しました。収入から経費を引いた金額が「所得」になります。

この第5章では、所得から差し引かれる「所得控除」について説明していきます。

「所得控除」とは所得から一定の金額を差し引く制度のことです（以下、所得控除は控除と略すこともあります）。

所得控除には、次の15種類があります。

①雑損控除

②医療費控除／セルフメディケーション税制（医療費控除の特例）

③社会保険料控除
④小規模企業共済等掛金控除
⑤生命保険料控除
⑥地震保険料控除
⑦寄附金控除／寄附金特別控除
⑧障害者控除
⑨寡婦控除
⑩ひとり親控除
⑪勤労学生控除
⑫配偶者控除
⑬配偶者特別控除
⑭扶養控除
⑮基礎控除

それぞれの控除の内容について、次から解説していきます。

医療費、社会保険料、生命保険料、地震保険料などの控除

① 雑損控除

災害や盗難、横領によって、家や現金などの資産に被害を受けた場合に受けられる控除です。利用する機会は少ないと思いますので、詳細は省きます。「損害金額」の定義や損失額の計算方法などは、国税庁のＷｅｂサイト「No．１１１０　災害や盗難などで資産に損害を受けたとき（雑損控除）」（https://www.nta.go.jp/taxes/shiraberu/taxanswer/shotoku/1110.htm）を見てください。

国税庁「No.1110 災害や盗難などで資産に損害を受けたとき（雑損控除）」

② 医療費控除／セルフメディケーション税制（医療費控除の特例）

ここでは「医療費控除」と「セルフメディケーション税制（医療費控除の特例）」について説明します。

医療費控除は、納税者本人、または生計を一にする配偶者や親族が支払った医療費が、一定額（10万円＊3）を超えた場合に受けられる控除です。

医療にかかわる多くの費用が控除の対象となる医療費と認められますが、なかには認められないものもあります。

医療費控除の対象となる医療費

◎医師や歯科医師による診療、治療の費用
◎治療、療養に要した医薬品の購入費用
◎あん摩、マッサージ、指圧、はり、きゅう、柔道整復などによる施術の費用
◎出産費用（妊娠がわかってからの定期健診や検査にかかった費用）
◎入院時に必要と認められた差額ベッド代
◎視力回復手術（レーシック手術）の費用
◎子どもの歯列矯正費用（美容目的は認められない）
◎人間ドックや健康診断の費用（健康診断等の結果、重大な疾病が発見され、治療が必要と判明した場合）
◎通院のための交通費（基本的に公共機関のみ。タクシーは緊急性があった場合の

み）

◎義手、義足、松葉づえ、義歯、補聴器などの費用

◎在宅看護などで保健師、看護師、准看護師などに依頼した場合の費用

◎6か月以上寝たきりの人のおむつ代（治療を担当する医師の証明書が必要）

医師や歯科医師の治療費には、手術や入院のための費用もふくまれます。

治療、療養に要した医薬品には、ドラッグストアなどで売られている風邪薬などの治療薬もふくまれます。

医師の処方によって薬局で購入した医薬品は、健康保険組合などが発行する「医療費通知」に記録されますが、市販の治療薬などは記録されません。市販の治療薬などは、確定申告の際に、レシートや領収書を見ながら「医療費控除の明細書」に品名や購入先、価格などを記入する必要があります。

保険治療が適用されない視力回復治療や交通費についても、自分で「医薬費控除の明細書」に内容を記入してください。

なお、病気やケガの治療以外のための費用（美容整形手術など）は、当然ですが、医療費控除の対象にはなりません。

医療費控除の計算法

医療費控除の金額は、次の計算式にしたがってください。

【医療費控除の金額】
［実際に支払った医療費の合計額］－［保険金などで補てんされる金額］－［10万円（＊3）］

「保険金などで補てんされる金額」とは、国税庁によると「生命保険契約などで支給される入院費給付金や健康保険などで支給される高額療養費・家族療養費・出産育児一時金など」のことです。入院したり、手術などで高額の医療費を支払ったりして、入院費給付金や高額療養費の支払いを受けた場合は、その金額を医療費の合計額から差し引くということです。

次の「10万円（＊3）」は、「その年の総所得が200万円以上だった場合は10万円」という意味です。つまり、1年間の支払額から、保険などで補てんされた金額を差し引いた残りの金額が10万円以下だった場合は、控除がないということになります。

医療費控除の具体的な手続き方法については、第6章「e-Taxで確定申告は簡単にできる！」（167ページ）をご覧ください。

＊3：その年の総所得金額等が200万円未満の人は、総所得金額等の5％の金額になる。総所得金額等とは、事業所得や給与所得などのほかに、退職所得などの金額を加えたもの。該当しそうな人は国税庁のWebサイトで確認を。

セルフメディケーション税制（医療費控除の特例）

医療費控除は、10万円以上の医療費を支払っていないと受けられません。

そのためでもないでしょうが「医療費控除の特例」として、2017年からスタートしたのが、「セルフメディケーション税制」です。当初は2021年までの特例でしたが、その後、2026年まで延長されました。

「セルフメディケーション」とは、世界保健機関（WHO）の定義によると、「自分自身の健康に責任を持ち、軽度な身体の不調は自分で手当てすること」だとか。言葉はむずかしいのですが、内容は、ドラッグストアなどで売られている特定の市販薬を一定額以上購入した場合に、その費用が控除されるというものです。

セルフメディケーション税制を利用するには、次の要件を満たす必要があります。

①適用を受けようとする年に、「健康の保持増進、および疾病の予防」のために、次の「一定の取組」をひとつ以上受けていること。

［一定の取組］
・保険者（健康保険組合等）が実施する健康診査〈人間ドック、各種健（検）診等〉
・市区町村が健康増進事業として行う健康診査
・予防接種〈定期予防接種、インフルエンザワクチンの予防接種〉
・勤務先で実施する定期健康診断〈事業主検診〉
・特定健康診査〈いわゆるメタボ健診〉、特定保健指導
・市区町村が健康増進事業として実施するがん検診

②特定一般用医薬品等を1万2000円以上、購入していること。

「特定一般用医薬品等」とは、医師の処方により薬局で購入する医療用医薬品を、ドラッグストアで購入できる市販医薬品に転用された医薬品のことで、「スイッチＯＴＣ

医薬品」ともいわれます。

セルフメディケーション税制の対象となる市販医薬品には、ロキソニンなどを筆頭に3000品目近くあります。ドラッグストアで購入するときは、パッケージに「セルフメディケーション税控除対象」というマークが印刷されています。

しかし、新しく対象になった市販医薬品の場合は「セルフメディケーション税控除対象」のマークが付いていないこともあります。その場合はレジで受け取る領収書やレシートを確認してください。「★」印などでセル

セルフメディケーション税制対象の市販医薬品は、パッケージに記載がある。

セフルメディケーション税控除の対象医薬品には、レシートに「★」印が付いている。

フメディケーション税控除の対象となっていることがわかります。

セルフメディケーション税制対象医薬品のリストは、厚生労働省のWebサイトでダウンロードできます（https://www.mhlw.go.jp/stf/seisakunitsuite/bunya/0000124853.html）。

セルフメディケーション税制による医療費控除額

この税制による控除額は、支払った特定一般用医薬品等購入費の全額から1万2000円を差し引いた金額になります。また、控除の最高額は8万8000円（10万円－1万2000円）になります。

セルフメディケーション税制の具体的な申告方法については、第6章の185ページ参照をご覧ください。

なお、この制度を利用している人は、非常に少ないとのことです。

③ 社会保険料控除

健康保険や年金の保険料や保険税の支払額全額が、控除されます。

厚生労働省 サセルフメディケーション
税制対象医薬品のリスト（PDF）

④ 小規模企業共済等掛金控除

共済掛金や個人型年金などの「確定拠出年金法」に規定する個人型年金に加入している場合、掛金の全額が控除されます。

⑤ 生命保険料控除

民間の保険会社と契約した生命保険、介護医療保険、個人年金保険がある場合、支払った保険料の一部が控除されます（最高額12万円まで）。

⑥ 地震保険料控除

民間の保険会社と契約した地震保険がある場合、支払った保険料の一部が控除されます（最高額5万円まで）。

寄付に関係する控除

ここでは、寄付をした際に受けられる控除について説明します。

⑦ 寄附金控除と寄附金特別控除

「寄附金控除」とは、国や地方公共団体、日本赤十字社、認定ＮＰＯ法人などに寄附金（特定寄附金）を支払った人が受けられる控除です。

特定寄附金の対象となる寄附金には、以下のようなものがあります。

○国、地方公共団体に対する寄附金
○公益社団法人、公益財団法人、その他公益を目的とする事業を行う法人、または、団体に対する寄附金で、一定の要件を満たし、かつ財務大臣が指定したもの
○所得税法で定められた特定公益増進法人（独立行政法人、一定の業務を主目的と

する地方独立行政法人、自動車安全運転センター、日本司法支援センター、日本私立学校振興・共済事業団、日本赤十字社、公益社団法人、公益財団法人、学校・専修学校・各種学校の設置を主目的とする学校法人、社会福祉法人、更生保護法人）に対する寄附金

●政党、または政治資金団体に対する政治活動に関する寄附

●認定ＮＰＯ法人に対する寄附

●公益社団法人等に対する寄附

◇特定新規中小会社発行の特定新規株式取得に要した金額

これらの団体などを対象にした特定寄附金は、確定申告の際に「所得控除」を受けられます。

また、●印の付いた「政治活動に関する寄附金」「認定ＮＰＯ法人に対する寄附金」と「特定公益増進法人」の一部については、それぞれ次の「寄附金特別控除（税額控除）」を受けられます。

・政党等寄附金特別控除

・認定ＮＰＯ法人等寄附金特別控除
・公益社団法人等寄附金特別控除

「寄附金特別控除」の対象となる寄附金については、所得控除と税額控除のうち、有利な方を選べます。

「◇特定新規中小会社発行の特定新規株式取得に要した金額」に関する控除については、「エンジェル税制」と呼ばれる特例があります。こちらについての詳細は、国税庁のＷｅｂサイト「No．１５３０　特定投資株式の取得に要した金額の控除等の特例（エンジェル税制）」（https://www.nta.go.jp/taxes/shiraberu/taxanswer/shotoku/1530.htm）で確認してください。

　なお、この「エンジェル税制」の申告については、ｅ-Ｔａｘで「株式の取得金額」「株式発行会社の所在位置、名称」のみ入力し、必要書類は税務署に持参するか郵送する必要があります。

国税庁「No.1530 特定投資株式の取得に要した金額の控除等の特例（エンジェル税制）」

「所得控除」の控除額

「所得控除」は、寄附金控除の対象となるすべての団体などに対する寄附金が控除されるもので、次の計算式で控除金額が求められます。

控除額＝［〈寄附金の合計額〉または〈その年の総所得金額等の40％〉のどちらか低い額］－2000円

「総所得金額等」とは、事業所得以外に不動産所得、給与所得、利子所得、配当所得などがあれば、それらの所得も合算した金額です。事業所得以外の所得がある人は、国税庁のWebサイトで詳細を確認してください。

「寄附金特別控除（税額控除）」の控除額

寄附金控除の対象となる団体などのリストのうち、●印が付いた団体（148ページ参照）などに対する寄付は、「寄附金特別控除（税額控除）」が受けられます。

税額控除額の計算式は、対象となる団体などによって異なります。

【政党等寄附金特別控除】
控除額＝（その年の寄附金合計額－２０００円）×30％

【認定ＮＰＯ法人等寄附金特別控除】
控除額＝（その年の寄附金合計額－２０００円）×40％

【公益社団法人等寄附金特別控除】
控除額＝（その年の寄附金合計額－２０００円）×40％

いずれの計算式の結果も、１００円未満の端数は切り捨てます。

ただし、

・すべての寄附金特別控除の合計額は、所得金額の40％まで。
・「政党等寄附金特別控除」の控除額は、その年の所得税額の25％まで。
・「認定ＮＰＯ法人等」および「公益社団法人等」への特別控除の合計額は、その年の所得税額の25％まで。
と決められています。寄附金控除についての詳細は、国税庁のＷｅｂサイト「Ｎｏ．１１５０　一定の寄附金を支払ったとき（寄附金控除）」（https://www.nta.go.jp/taxes/shiraberu/taxanswer/shotoku/1150.htm）で確認してください。

「ふるさと納税」について

寄附金控除には「ふるさと納税」もふくまれ、次の計算で控除額が求められ、その年の所得税から控除されます。また、「ふるさと納税」額は自治体にも連絡され、翌年の地方税から控除されます。

控除額＝（ふるさと納税額－２０００円）×〈所得税の税率〉

所得税の税率は、所得額によって異なります（197ページ参照）。ｅ－Ｔａｘを使えば、納税額を入れるだけで、控除額が自動的に計算されます。
なお、控除の対象となるふるさと納税額は、総所得金額等の40％が上限です。

国税庁「No.1150 一定の寄附金を支払ったとき（寄附金控除）」

家族、および家族構成に関する控除

⑧ 障害者控除

納税者本人や家族が障害者である場合に受けられる控除です。障害の区分に応じて、次のように控除額が決められています。

障害者＝27万円
特別障害者＝40万円
同居特別障害者＝75万円

障害者控除の対象となる人の範囲や区分については、国税庁のＷｅｂサイト「No.１１６０　障害者控除」(https://www.nta.go.jp/taxes/shiraberu/taxanswer/shotoku/1160.

国税庁「No.1160
障害者控除」

htm）をご覧ください。

⑨寡婦控除

次のいずれかの要件に当てはまる人は、「寡婦控除」を受けられます。

○夫と離婚後、婚姻をしておらず、子どもなどの扶養親族がいる女性で、合計所得金額が５００万円以下の人。

○夫と死別後、婚姻をしていない女性、または、夫の生死が明らかでない女性で、合計所得金額が５００万円以下の人（こちらの要件では、扶養親族の有無は問わない）。

○その年の12月31日時点で、次の「ひとり親」に該当しないこと。

寡婦控除の控除額は、一律に27万円です。

⑩ひとり親控除

「ひとり親控除」は、２０２０年分の確定申告から使えるようになった新しい所得控除です。

納税者本人が、結婚せずに子どもを育てているひとり親なら、所得などの要件を満たすことで、シングルマザー、シングルファーザーを問わず受けられます。

ひとり親とは、「その年の12月31日の時点で、婚姻をしていない、または、配偶者の生死が不明」である人で、次の要件を満たす必要があります。

○事実上の婚姻関係にあると認められる人がいないこと。
○生計を一にする子がいること。
○その子は総所得金額等が48万円以下で、他の人の同一生計配偶者や扶養親族になっていないこと。
○納税者本人の合計所得金額が５００万円以下であること。

ひとり親控除の控除額は、一律に35万円です。

⑪ 勤労学生控除

「勤労学生控除」とは、アルバイトなどをしながら学校に通う生徒や学生を援助するための控除です。働く学生や生徒が勤労学生控除を受けるためには、次の要件をすべて満たす必要があります。

A アルバイトなどによる給与所得など、勤労による所得があること。
B 合計所得金額が75万円以下で、勤労以外の所得が10万円以下であること。
C 特定の学校（高校、高専、大学、専門学校など）の学生、生徒であること。

以上の要件に当てはまる生徒や学生が確定申告をすれば、一律27万円の勤労学生控除を受けられます。

「B」の勤労以外の所得には、事業所得、配当所得、不動産所得、雑所得などが該当します。

「B」の合計所得金額は、収入が給与だけだった場合、金額が１３０万円以下であれば、給与所得控除55万円を差し引けば、所得は75万円以下になります。これなら勤労学生控除が受けられます。

定期的なマンガやイラストの仕事で１００万円の収入があった場合、材料費などの経費が24万円かかったとすると、事業所得が76万円になります。この場合は、勤労学生控除は受けられません。

また、アルバイトの給料を貯めて株を買っていた会社が好調で、株価が上がるだけでなく、配当金も増えるようなこともあるでしょう。その配当金が10万円を超したときは、配当所得が勤労以外の所得であるため、勤労学生控除は受けられません。

このように、勤労学生控除を受けられるかどうかは、所得によって異なってきますので、学生さんは注意してください。

所得が75万円を超えると親の扶養家族ではなくなる

学生・生徒がアルバイトなどをする場合、さらに大事な注意点があります。それは、学生・生徒の所得が増えると、保護者の「扶養控除」から抜けなくてはならない、という問題です。

パートで働く主婦には「103万円の壁」があることが知られています。この103万円は「基礎控除48万円」と「給与所得控除55万円」を合計した金額で、これを超すと夫の「配偶者控除」の対象からはずれなければなりません。そのためパートの勤務時間を調整しなければならない主婦がたくさんいて、社会問題にもなっています。

同じことは、扶養家族となっている子どもにもいえます。たとえば大学生の息子がアルバイトで「基礎控除48万円＋給与所得控除55万円＋勤労学生控除27万円＝130万円」以上の収入を得ると、アルバイト先で年末調整をしてもらうか、自分で所得税の確定申告をしなければなりません。

また、原稿料やデザイン料などの収入が継続的にあれば、それは事業所得とみなされます。当然、給与所得控除はありません。

そのため、所得が「基礎控除48万円＋勤労学生控除27万円＝75万円」を超えると、所得税の確定申告が必要になるだけでなく、親の扶養家族とはみなされなくなってしまうのです。

扶養家族でなくなると、後述の「扶養控除」の対象からもはずれます。

大学生の年代（19歳以上、23歳未満）の扶養控除額は63万円と高額なため、扶養控除がなくなったら、保護者の支払う所得税の額も跳ねあがるかもしれません。

アルバイトや原稿料などで所得がある学生・生徒は、扶養家族でいた方が得か、それとも扶養家族からはずれて個人で申告・納税する方が得かを、保護者とも相談して決めてください。

なお、原稿料などの報酬を得た場合は、所得税と復興特別所得税が差し引かれているはずです。必要経費が多くかかっていれば、確定申告をすることで、払いすぎた源泉所得税を取りもどすことができます。

ところで、ここまでは国税である所得税の勤労学生控除について説明してきましたが、地方税にも勤労学生控除はあります。

地方税の各種控除は、自治体によって基準や控除額が異なりますので、お住まいの自治体のＷｅｂサイトなどで、確認してください。

また、「年収の壁」については、所得税だけでなく「社会保険」にもあります。これらについては、このあとの「扶養控除」（162ページ）の説明をお読みください。

⑫ 配偶者控除

「配偶者控除」は、納税者本人と生計を一にする配偶者を対象とする控除です。妻が納税者である場合は、夫が配偶者になります。

控除対象となる配偶者は、その年の12月31日時点で、次の4要件を満たさなければなりません。

Ⅰ 民法の規定による配偶者であること。つまり結婚している人で、内縁関係の人は該当しません。
Ⅱ 納税者と生計を一にしていること。
Ⅲ 年間の合計所得金額が48万円以下であること（給与のみの場合は、給与収入が１０３万円以下）。
Ⅳ 青色申告者の事業専従者として給与を得ていないこと。または、白色申告者の事業専従者でないこと。

納税する本人の配偶者が以上の４要件に当てはまる場合にのみ、配偶者控除が受けられます。

配偶者控除の額は、納税者本人の所得によって異なります。

また、配偶者が、その年の12月31日時点で70歳以上の高齢者である場合は、「老人控除対象配偶者」として控除額が増加します。その額については次ページの表をご覧ください。

⑬ 配偶者特別控除

配偶者に48万円以上の所得があると、配偶者控除が受けられません。そんな所得のある配偶者がいる人は、納税者本人と配偶者の所得に応じた「配偶者特別控除」を受けられます。

ただし、次の要件を満たす必要があります。

Ⅰ 納税者本人と配偶者の合計所得金額が１０００万円以下であること。

Ⅱ 民法の規定による配偶者であること（内縁関係は不可）。

Ⅲ 納税者本人と生計を一にしていること。

Ⅳ 配偶者が納税者本人を配偶者特別控除の対象にしていないこと。

Ⅴ 配偶者が青色申告の事業専従者として給与の支払い

配偶者控除額

控除を受ける納税者本人の合計所得金額	一般の控除対象配偶者の控除額	老人控除対象配偶者の控除額
900万円以下	38万円	48万円
900万円超～950万円以下	26万円	32万円
950万円超～1,000万円以下	13万円	16万円

を受けていないこと、または、白色申告者の事業専従者でないこと。

Ⅵ 年間の合計所得金額が48万円超～133万円以下であること。

以上の要件を満たせば、下の表のとおり、納税者本人と配偶者の所得に応じて、配偶者特別控除が受けられます。

⑭ 扶養控除

「扶養控除」は、対象となる「扶養親族」がいる場合に受けられる控除で、その親族の年齢や同居の有無によって控除額が異なります。

扶養控除の対象となる親族は、扶養親族のうち、その年の12月31日現在で、16歳以

配偶者特別控除額

		控除を受ける納税者本人の合計所得金額		
		900万円以下	900万円超～950万円以下	950万円超～1,000万円以下
配偶者の合計所得金額	48万円超～95万円以下	38万円	26万円	13万円
	95万円超～100万円以下	36万円	24万円	12万円
	100万円超～105万円以下	31万円	21万円	11万円
	105万円超～110万円以下	26万円	18万円	9万円
	110万円超～115万円以下	21万円	14万円	7万円
	115万円超～120万円以下	16万円	11万円	6万円
	120万円超～125万円以下	11万円	8万円	4万円
	125万円超～130万円以下	6万円	4万円	2万円
	130万円超～133万円以下	3万円	2万円	1万円

上の人に限られます。

また、次の要件をすべて満たす人に限られます。

Ⅰ 配偶者以外の親族、または、都道府県知事から養育を委託された児童（いわゆる里子）や市町村長から養護を委託された老人であること。

Ⅱ 納税者と生計を一にしていること。

Ⅲ 年間の合計所得金額が48万円以下であること。

Ⅳ 青色申告の事業専従者として、その年を通じて一度も給与の支払いを受けていないこと、または、白色申告者の事業専従者でないこと。

扶養控除の対象となる親族は「6親等内の血族、および3親等内の姻族」になります。

「6親等内の血族」の範囲は、納税者本人の「父母、兄弟姉妹、子ども、孫、曽孫、祖父母、曽祖父母、伯父伯母、叔父叔母、甥姪、いとこ……」などになります。

また、「3親等内の姻族」の範囲は、配偶者の「父母、兄弟姉妹、祖父母、曽祖父母……」などになります。

「6親等の血族」と「3親等の姻族」についての詳細は、国税庁のWebサイト「No．1180扶養控除『親族』の範囲」(https://www.nta.go.jp/taxes/shiraberu/taxanswer/shotoku/1180_qa.htm#q8) をご覧ください。

以上の要件を満たした「扶養親族」がいる場合、年齢や所得、同居の有無に応じて、下の表に示された額を控除できます。

なお、表の区分は、次のとおりです。

・一般の控除対象扶養親族……その年の12月31日現在、16歳以上の人。
・特定扶養親族……その年の12月31日現在、19歳以上、23歳未満の人。
・老人扶養親族……その年の12月31日現在、70歳以上の人。

⑮ 基礎控除

「基礎控除」は、納税者本人の合計所得が2500万円以下

扶養控除額

区分		控除額
一般の控除対象扶養親族		38万円
特定扶養親族		63万円
老人扶養親族	同居老親等以外の者	48万円
	同居老親等	58万円

国税庁「No.1180 扶養控除『親族』の範囲」

の人が受けられる控除です。ただし、控除額は一律ではなく、納税者本人の合計所得金額によって異なります。

基礎控除の金額は、下の表をご覧ください。

基礎控除額

納税者本人の合計所得金額	控除額
2,400万円以下	48万円
2,400万円超～ 2,450万円以下	32万円
2,450万円超～ 2,500万円以下	16万円
2,500万円超	0円

第6章 e-Taxで確定申告は簡単にできる！

©すがやみつる／小学館／TAITO CORPORATION

e-Taxとは何か?

もう何度も出てきていますが、「e-Tax」とは何でしょう? あらためて確認してみましょう。

e-Taxは、インターネットを利用して、自宅にいながら次のような国税についての各種手続きができる仕組み(システム)です。

①所得税、贈与税、消費税などの申告
②全税目の納税
③申請・届出等

e-Taxのメリット

e-Taxのメリットは、何といっても税務署に行かなくても申告や納税ができることとです。しかも平日（休祝日および12月29日〜1月3日を除く）の火曜日〜金曜日なら24時間、土曜日・日曜日・月曜日と休祝日は8時30分〜24時の間、都合のいい時間帯に利用できます。

所得税の確定申告期間（2月16日〜3月15日）は、休みなしに24時間対応してくれるので、とても助かります。

e-Taxがなかった時代の確定申告は、税務署まで出かけて申告用紙を提出するか、郵送する必要がありました。その手間が省けるだけでも助かるというものです。

e-Taxによる確定申告なら、「国税庁 確定申告書等作成コーナー」のWeb画面で指示にしたがえば、各種控除などの計算も自動的にやってくれるので、時間もかからず、ミスも減ります。

さらに、各種控除に必要な提出書類の作成もオンラインでできますし、医療費や社会保険料の支払額などは、マイナカードとの連携で自動的に読み込まれます。

なお、大半の会計ソフトは、e-Taxへの接続機能を持っているので、決算書類を作成すれば、その流れで即座に申告をすませることができます。

まだe-Taxを使ったことがない人は、これを機会に、ぜひ試してみてください。

e-Taxの利用に必要な機材

e-Taxをはじめるために必要なものは、インターネットに接続できるパソコンです。

ただし、e-Taxを使って確定申告をするだけなら、パソコンは必要ありません。e-Taxでの確定申告は、タブレット端末やスマホでもできるからです。

会計ソフトのなかにもタブレット端末やスマホに対応したものがあります。青色申告に必要な帳簿と書類の作成、および確定申告だけなら、タブレット端末やスマホでも大丈夫でしょう。

しかし、2024年1月からスタートした電子帳簿保存法への対応も考えれば、パソコンの使用は不可欠といえるでしょう。電子帳簿保存法では、税務調査のときなどに、必要な書類や領収書などを即座に検索し、見せられる設備と機能が求められているからです（会計ソフトについては、第2章「会計ソフトはクラウド型がオススメ」（62ページ）で説明していますので、詳細は省きます）。

また、e-Taxでは、一部の申請や提出に、Windows版の専用アプリである「e-Taxソフト」を使うものがあります。これらの機能も使いたいのなら、パソコンはWindowsにするしかありません。

どのような性能のパソコンが必要かは、第7章の「そろえたいパソコンと周辺機器は?」(207ページ)でも説明していますので、そちらもあわせてご覧ください。

e-Taxで使うブラウザ

e-Taxを利用するにあたっては、パソコンのほかにWebサイト画面を表示するための「ブラウザ」が必要になります。国税庁では、次のOSとブラウザを推奨しています。

OS=Microsoft Windows10、11
ブラウザ=Microsoft Edge/Google Chrome

OS=MacOS11～14
ブラウザ=Safari16・4～17・0

e-Taxで確定申告する手順

インターネットに接続できるパソコンが用意できたら、e-TaxのWebサイトにアクセスしてください（次ページ参照）。

メニューの「個人の方」を選ぶと「個人でご利用の方」のページに入るので、ここで「その他の手続」をクリックします。

表示された画面を下にスクロールし、「その他の手続」の項目から、先頭の「e-Taxを始めるための準備をする」を選び、「ご利用の流れ」ページに移動します。

「ご利用の流れ」に進んだら、次の手順でe-Taxを使えるようにします。

①利用者識別番号の取得

②電子証明書の取得

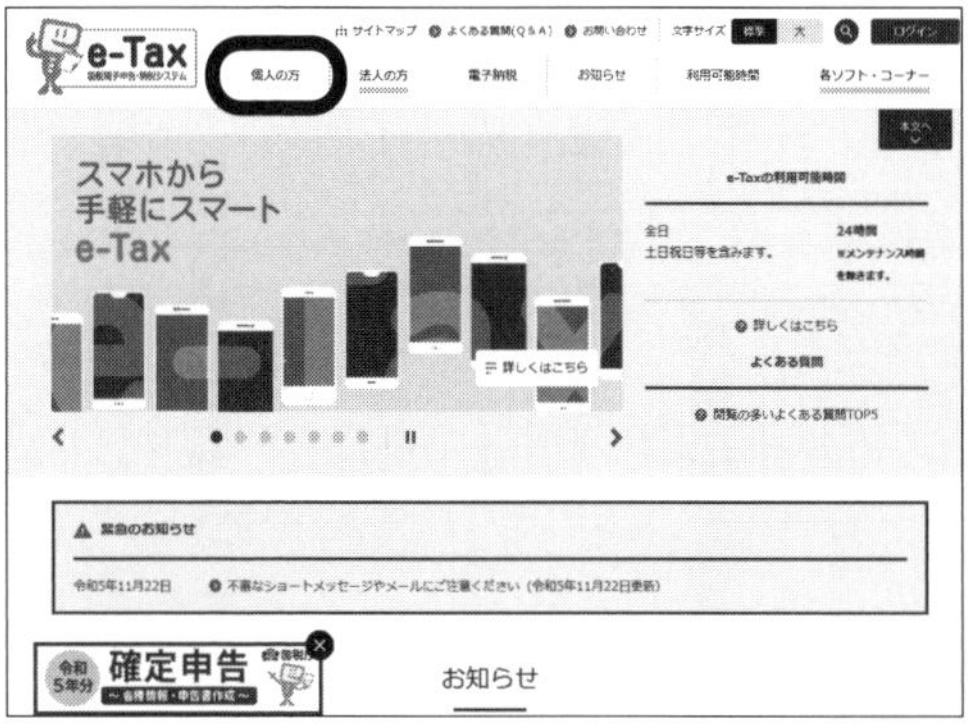

① e-Taxの初期画面。上部にある「個人の方」タブをクリック。
https://www.e-tax.nta.go.jp/

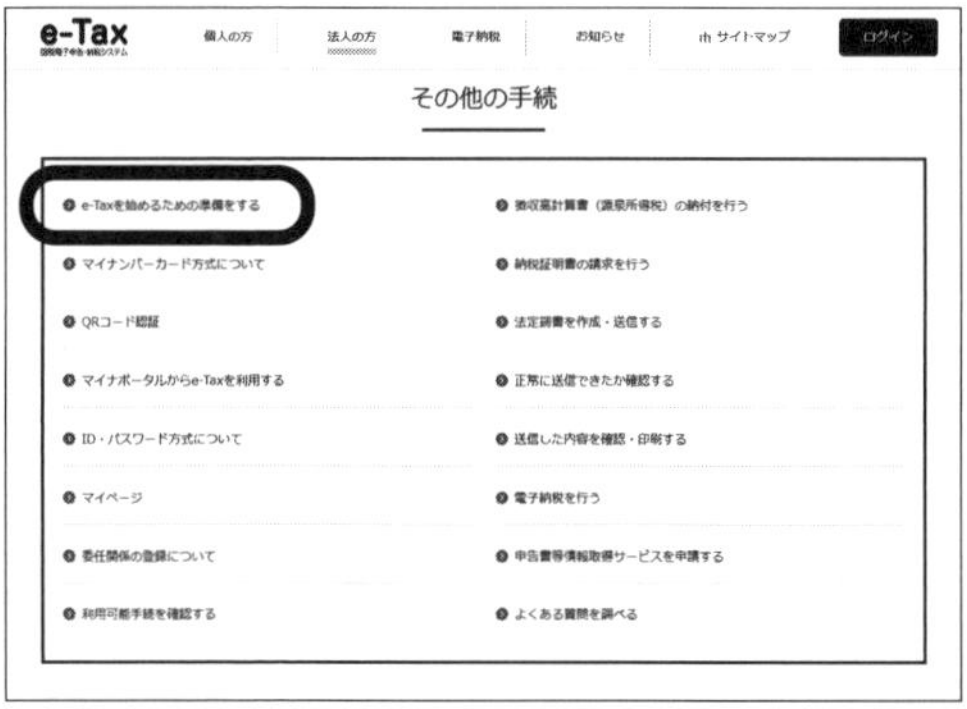

② 表示された画面を下にスクロールして、「e-Taxを始めるための準備をする」をクリック。

③「ご利用の流れ」が表示される。以下のURLでもダイレクトに飛べる。
https://www.e-tax.nta.go.jp/start/index.htm

③手続きを行うソフト・コーナーを選ぶ
④申告・申請データを作成・送信する
⑤送信結果を確認する

では、それぞれの手順を、もう少し詳しく見てみましょう。ここではマイナカードを取得ずみであることを前提に、説明を進めます。マイナカードをお持ちでない方は、早めに取得してください。

①利用者識別番号の取得

e-Taxの利用には半角16桁の「利用者識別番号」が必要です。取得方法には、いくつかの方法があります。

1 Webサイトからマイナンバーカードを使ってアカウントを登録する

この方法には「PCの場合」と「スマホの場合」があります。PCは、もちろんパソコンのことです。

まず「PCの場合」のメニューにある「『受付システム ログイン』画面へ」をクリックし、次の画面では「マイナンバーカードでログイン」をクリックてください。

すると「ICカードリーダライタで読み取り」と「スマートフォンで読み取り」の画面になりますので、どちらかを選びます。

「ICカードリーダライタで読み取り」を選んだ場合は、ICカードリーダライタをUSBケーブルでパソコンに接続し、差し込み口にマイナカードを挿します。

マイナカードが読み取れないときは、コネクターの接続やカードの裏表を確認してください。ICカードリーダライタのなかには、カードの裏面を上にして差し込むタ

パソコンを使うなら、ICカードリーダライタをUSBで接続して、マイナンバーカードを読み込む。

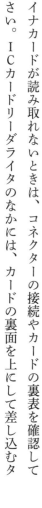

イプもあります。

　マイナカードが読み込まれたら、「利用者証明用電子証明パスワード（4桁の数字）」を入れる画面が出ますので、ここで入力してください。

　これで「受付システム」の画面に入ります。

スマホの場合は、マイナンバーカードの上にスマホを置いて情報を読み込む。

「スマートフォンで読み取り」を選んだ場合は、画面に表示されたQRコードをスマホの「マイナカードアプリ」で読み取り、マイナカード用の4桁の暗証番号を入れてください。

　次に画面の指示にしたがって、スマホをマイナンバーカードの上に置きます。スマホを置く位置がずれているとマイナカードのデータが読まれないこともあるので、注意してください。

　マイナカードが認証されたら、「受付システム」の画面に入ります。

「受付システム」の画面では「利用者識別番号等の通知・確認」というメニューの下に「16桁の利用者識別番号」が表示されているはずです。

次に、画面下にある「暗証番号の設定へ」ボタンをクリックしてください。次の画面で「新しい暗証番号（パスワード）」が設定できます。暗証番号は8〜50桁の半角英数字、記号を組み合わせたもので、英小文字と数字をかならず入れてください。

「利用者識別番号」の取得には、ほかに次のような方法がありますが、マイナカードやマイナポータルを使う方法が、いちばん簡単で、手間もかかりません。

【利用者識別番号を取得するその他の方法】

2 Webから利用者識別番号を取得する
3 マイナポータルの「もっとつながる」機能からe-Taxを利用する
4 WebからID・パスワード方式の届出を作成・送信する
5 税務署に行って、ID・パスワード方式の届出を作成・送信する
6 書面で利用者識別番号を取得する
7 税理士に依頼し、利用者識別番号を取得する

② 電子証明書の取得

次は「電子証明書の取得」です。

e-Taxでは、確定申告などをするときに、送信するデータが本人の作成であること、改ざんされていないことを証明するための「電子署名」が必要です。「電子証明書」は、その電子署名をするためのシステムで、ICカードなどに記録されています。

そのICカードの代表がマイナンバーカードです。つまり、マイナカードを持っていれば、この「電子証明書の取得」はスキップできるということです。「利用者識別番号」をマイナカードの認証によって取得していたら、電子証明書は、すでに持っていることになります。

③ 手続きを行うソフト・コーナーを選ぶ

e-Taxの「ソフト・コーナー」とは、ここで使えるサービスのメニュー一覧です。「個人の方向けのソフト・コーナー（WEB型）」には、次のようなものがあります。

・確定申告書等作成コーナー
・受付システム
・e-Taxソフト（WEB版）
・e-Taxソフト（SP版）
・QRコード付証明書等作成システム

このなかで個人事業者がかならず使うのは、やはり「確定申告書等作成コーナー」でしょう。名前のとおり、確定申告はここでやります。

④ 申告・申請データを作成・送信する

確定申告をするには「確定申告書等作成コーナー」で、決算書と収支内訳書の作成を行い、次に確定申告用紙の作成をして、最後に送信します。

しかし、e-Taxに対応した会計ソフトがあれば、こちらで提出用の帳簿や書類、所得税の計算をすませ、送信まで行うことができます。

ただし、残念なことに、医療費控除や社会保険料控除、生命保険料控除など、e-Taxと連携しているマイナポータルのデータを取り込める会計ソフトは、ごく少数です（現在のところ「ｆｒｅｅｅ」は可能です）。

とはいえマイナポータル連携ができるデータは増えています。今後は、マイナポータル連携ができる会計ソフトも増えていくことでしょう。

なお、会計ソフトによっては、作成した帳簿や書類のデータを、ｅ-Ｔａｘソフト（ＷＥＢ版）に読み込める形式でパソコンに保存できるものもあります（「弥生会計」など）。

⑤送信結果を確認する

ｅ-Ｔａｘを使って確定申告をすませると、送信したデータの審査結果が「メッセージボックス」に届きますので、かならず確認してください。

アプリ版のｅ-Ｔａｘソフト

178ページで説明した「③手続きを行うソフト・コ

マイナポータル連携で得られるデータなど

適用する控除・申告する収入	控除証明書等
医療費控除	医療費通知情報
ふるさと納税（寄附金控除）	寄附金受領証明書・寄附金控除に関する証明書
生命保険料控除	生命保険料控除証明書
地震保険料控除	地震保険料控除証明書
住宅ローン控除	年末残高等証明書
	住宅借入金等特別控除証明書
株式等に係る譲渡所得等	特定口座年間取引報告書
社会保険料控除	社会保険料（国民年金保険料）控除証明書
	社会保険料（国民年金基金掛金）控除証明書
雑所得（公的年金等）	公的年金等の源泉徴収票

ーナーを選ぶ」のソフト・コーナーには、「個人の方向けのソフト・コーナー（ダウンロード型）」も用意されています。

これはWindowsパソコンにインストールして使うアプリ版e-Taxソフトで、所得税や消費税の申告や納税のほか、贈与税や法人税、酒税などの申告や納税ができます。このソフトが使いづらいのは、文字が小さくて画面が見にくいこと。専門的すぎて個人事業主やフリーランサーには、あまり縁がなさそうです。

医療費控除の申請はどうする？

確定申告の際、医療費控除の申請をする方は多いと思いますので、その方法を解説します。

「医療費控除の明細書」の作成方法

医療費控除を受けるためには、確定申告の際に、医療費の支払先（医療機関や薬局）や金額を記入した「医療費控除の明細書」を作成しなければなりません。また、医療費の支払いを証明できる書類（領収書）を添付する必要があります。

しかし、e-Taxで確定申告をすれば、支払った医療費の明細が医療費控除の画面で入力でき、領収書の添付も不要になります。ただし、領収書は添付が不要でも、5年間の保存義務があるので注意してください。

e-Taxの「医療費控除の明細書」画面では、医療費を支払った医療機関や薬局の名称、金額などのデータを入力していきますが、その方法には、以下のようなものがあります。

領収書を見ながらe-Taxの画面に直接入力

支払った医療費の支払件数が少ない人は、領収書を見ながらe-Taxの「医療費控除の明細書」に、病院や薬局の名称、金額などのデータを直接打ち込んでください。

「医療費集計フォーム」に入力

医療費の支払件数が多い人は、e-TaxのWebサイトから「医療費集計フォーム」をダウンロードし、これをエクセルで開いてデータを入力するのが便利です。同じ病院や薬局を使っている場合は、コピー&ペーストで入力がラクになります。「Googleスプレッドシート」に「医療費集計フォーム」を読み込んで、データを入力することもできます(ただし、Gmailのアカウントが必要)。

医療費のデータを入力したフォームはパソコンに保存し、これをe-Taxに読み込むだけで、医療費控除の明細書ができあがります。エクセルやGoogleフォームのような表計算アプリに慣れた人なら、短時間で作業も完了することでしょう。医療費の支払件数が多い方は、ぜひ、お試しください。

「医療費通知」の利用で入力を省略

次に医療費控除に必要なデータの入力方法を説明しておきます。

健康保険組合などによっては、医療機関や薬局に支払った医療費のデータをまとめた「医療費通知」を書面にして郵送してくれるところがあります。

医療費通知が手もとにある場合は、e-Taxの「医療費通知に記載された医療費の入力」画面に、「かかった医療費の金額、実際に支払った金額、補てんされる金額」の合計額を記入するだけでかまいません。

ただし、この方法を使った場合は、医療費通知の〈原本〉を5年間保存する必要があります。

また、医療費通知は、1月から10月くらいまでの支払い状況しか記載されていないことがあります。このような場合は、残る期間に支払った医療費のデータをe-Taxの画面に直接入力するか、「医療費集計フォーム」を使ってください。

健康保険組合などによっては、医療費通知を組合のWebサイトから、xml形式のファイルでダウンロードできることがあります。

xml形式の医療費通知データが入手可能な人は、e-Taxの「医療費控除の入力」→「医療費通知データ読込」画面の順に開き、ダウンロードしたデータをここで読み込ませてください。

xml形式のデータで医療費通知を読み込ませた場合は、書面の医療費通知や領収書の保存は不要です。

「マイナポータル連携」で医療費通知データを読み込む

44ページでも紹介しましたが、マイナカードを健康保険証と紐付けておけば、e-Taxの申告書作成画面から「マイナポータルと連携する」を選ぶことで、医療費通知データを自動的に読み込めます。この場合も、書面の医療費通知や領収書の保存は不要です。

セルフメディケーション税制の添付書類

セルフメディケーション税制の控除を受ける場合は、確定申告の提出物に、同税制の明細書を添付しなければいけません。

明細書は「申告する方の健康の保持増進及び疾病の予防への取組」と「特定一般用

医薬品等購入費の明細」からなっています。

これらも会計ソフトで入力できます。ただし、医療費控除との併用はできません。どちらか片方にしてください。

セルフメディケーション税制の適用を受けるには、「一定の取組」（143ページ参照）を行ったことを示す証拠を残さなければなりません。「取組」とみなされる指導や検査を行った医療機関がわかる結果の通知表や領収書を、最低5年間、保存する必要があります。

書類の具体例は、国税庁のＷｅｂサイト「No.１１３４　取組を行ったことを明らかにする書類の具体例」（https://www.nta.go.jp/taxes/shiraberu/taxanswer/shotoku/1134.htm）を参照してください。

国税庁「No.1134 取組を行ったことを明らかにする書類の具体例」

所得税の納付方法

所得税の納付には、現金で納付する「窓口納付」「コンビニ納付（QRコード）」「コンビニ納付（バーコード）」と、キャッシュレスで納付する「クレジットカード納付」「ダイレクト納付（e-Taxによる口座振替）」「インターネットバンキング納付」「スマホアプリ納付（pay払い）」があります。

・窓口納付……税務署や銀行に出向き、窓口で納付書に現金を添えて納付。
・コンビニ納付（QRコード）……国税庁のホームページで作成したQRコードを印刷。これをコンビニのキオスク端末に読み込ませ、出力されたバーコード付き納付書を使ってレジで納付。
・コンビニ納付（バーコード）……税務署から送られてきたバーコード付き納付書を使って、コンビニのレジで納付（申告時に希望した場合のみ）。

国税庁はキャッシュレスを推奨

窓口納付やコンビニ納付は、金融機関やコンビニに出かけなくてはいけないので、不便です。

国税庁は、以下のキャッシュレスによる納付を推奨しています。

・クレジットカード納付（手数料がかかる）
・ダイレクト納付（e-Taxによる口座振替）
・インターネットバンキング納付（1000万円まで）
・スマホアプリ納付（30万円まで。ポイント還元ありのPayもあります）

ちなみに確定申告の際、源泉徴収された源泉徴収税額よりも、計算された所得税額の方が少なかった場合は、その差額が還付されます。還付は納税者本人の口座に振込まれますので、預金口座番号の記入は忘れないようにしましょう。

必要経費の不正計上が発覚したら?

個人事業主のなかには、商店や飲食店などの現金を扱う仕事をしている人も多いでしょう。このような人たちのなかには、売上伝票をごまかすなどして、収入隠しをする人もいるのだとか。ただし、これも注文伝票のデジタル化などで、インチキはしにくくなっています。

マンガ家やイラストレーター、ライターなどのフリーランサーは、収入のほとんどが銀行振込です。しかも源泉徴収されていますので、収入金額は国税庁に把握されています。つまり、収入面ではインチキができません。

となると、誰もが誘惑にかられるのが、経費の水増しです。経費を増やすことで所得額を減らせば、所得税も減り、その分、自分の取り分が多くなります。

このとき経費が正当なものであれば、それは「節税」になります。もちろん問題はありません。

問題になるのはこんなケース

問題になるのは個人の出費を経費にしたり、領収書を書き換えたりして経費を水増しするなどした場合です。また、二重帳簿など所得をごまかすケースも多いようです。これらは不正であり「脱税」になりますし、もちろん「違法」です。

個人事業主の場合で多い違反は「所得税法違反」でしょう。これは刑事罰になり、ごまかした金額にもよりますが、基本的には10年以下の懲役もしくは1000万円以下の罰金またはその両方が科せられます。

また、次のような国税通則法による行政処分もあります。これらは一部ですが、10〜40%ほどの税金が加算されます。

・過少申告加算税
・無申告加算税
・不納付加算税
・重加算税
・延滞税

税務調査とは？

脱税や過少申告の発覚の多くは「査察調査」や「税務調査」によるものです。査察調査は、かなり悪質な犯罪に当たる規模のものでなければ行われません。個人事業主が査察調査の対象となることも、あまりないでしょう。

また、税務調査も、個人事業主に対しては「収入が多額なのに申告しない」「経費が異常に多い」といった事情がなければ、実施されることはないでしょう。

私は50年以上、確定申告をしていますが、個人事業主として税務調査を受けたことはありません。ただし、税務署への呼び出しは二度ほどありました。

一度目は、東京都杉並区に住んでいた20代はじめの頃。当時は駆け出しのマンガ家でしたが、『仮面ライダー』などの人気テレビ番組のコミカライズ（マンガ化）をしていたために、月産３００～４００ページもの仕事があり、収入もそれなりにありました。

しかし、この枚数は1人ではこなせません。新人でしたので、専属のアシスタントもおらず、臨時のアシスタントを日払いで雇う状態でした。

稼ぎの大半は、アシスタントへの支払いや食事代で消えてしまう状態で、第3章にも書きましたが、絵に描いたような「連載貧乏」でした。年齢にふさわしくないほどの高収入を得ていたのに、出ていく費用が多く、生活費が足りなくなって質屋通いをするような生活だったのです。

税務署員が理解してくれたのは、さいとう・たかを先生のおかげ

そんな状況でしたから、確定申告でも経費率が90％を上回るような状態でした。この高い経費率が引っかかったらしく、税務署から呼び出しがかかりました。窓口の税務署員さんによると「マンガ家の経費は15％までと決まっている」とのこと。いちおう領収書などがない場合とのことでしたが、「ああ……」と思いました。税務上のマンガ家は、4コママンガを1人で描くような人が想定されているようなのです。

「マンガといっても、うちの場合は1本が何十ページもある『劇画』なんです」と説明したところ、税務署員さんも「ああ」と納得してくれました。

その頃、さいとう・たかを先生の作品を筆頭に「劇画」がブームになっていて、劇

画はプロダクション形式の工房制で、多人数で描くものだということが、テレビや新聞、雑誌でも頻繁に紹介されていました。

そのおかげで、アシスタントの人件費がかかることも理解していただけたのですから、さいとう先生には感謝しなくてはいけません。

「若いのに大変だね。頑張って」と税務署員さんに激励までされて、税務署をあとにしたのでした。

二度目の税務署からの呼び出しは、埼玉県T市に小さな建売住宅を買って、引っ越した直後でした。やはり経費率のことが問題になりました。住宅ローンを借りる都合もあって、実際にかかった経費よりも削っていたはずですが、税務署員さんから仕事の内容を根掘り葉掘り質問されました。

杉並区に住んでいた頃は、同じ区内に、マンガ家だけでなく、小説家やライター、イラストレーター、アニメーターといった職種の方も多く、ベストセラー作家や売れっ子も住んでいました。ところが埼玉に行ってみたら、マンガ家という職業は珍しかったようで、あれこれ質問されることになったようです。

こちらも、とくにおとがめがあったわけではありません。

『ゲームセンターあらし』が突然ヒットしたのは、埼玉に引っ越した翌年のことでした。コミックスが1年で100万部を超えるようになり、税金対策のために、あわてて会社を設立しました。

そのとき、顧問をお願いした税理士の先生からいただいたのが「税務手帳」でした。税務関連の情報が詰まった手帳でしたが、そのなかで見つけたのが「平均課税」という項目でした。これを次で解説します。

「平均課税」とはどんなもの？

平均課税の制度は、原稿料や印税のような、その年によって変動幅の大きい所得（変動所得と臨時所得）が、次のような要件を満たした場合に摘要されるものです。

・前2年に変動所得がなかった人、または、あっても合計額の2分の1の金額が本年の変動所得金額に満たない人→本年の変動所得と臨時所得の合計額が、本年の総所得額の20％以上

・前2年の変動所得合計額の2分の1の金額が本年の変動所得の金額以上の人→本年の臨時所得金額が本年の総所得金額の20％以上

これらの要件を超える変動所得・臨時所得があったときは、次の方法（5分5乗方式）で所得税額を計算します。

①変動所得・臨時所得の合計額の5分の1の金額を求める（ア）。
②（ア）の金額に対する所得税を求める（イ）。
③（イ）の金額を5倍した金額が納付する税額になる。

日本の所得税の税率は、「超過累進税率」という仕組みで、課税所得に応じて高くなります。そのため、課税所得額の5分の1の税率で計算した税額を5倍した額の方が、ずっと低くなります。

例として、5000万円の変動所得があった場合の所得税額を計算してみましょう。

【Ⅰ 5000万円に対する所得税額】

5000万円×45％－479万6000円＝1770万4000円

【Ⅱ 5000万円に対するの所得税額（平均課税の場合）】

5000万円÷5＝1000万円

1000万円×33％－153万6000円＝176万4000円

176万4000円×5=882万円

【ⅠとⅡの差額】

1770万4000円-882万円
=888万4000円

なんと、税額が約半分になってしまいました。

マンガ家や小説家のような印税をもらえる仕事では、予想以上に作品がヒットすることがあります。

だからといって、その人気が長くつづく保証はありません。

平均課税の制度は、そんな不安定な所得に頼る人たちのために設けられています。急に売れることがあったら、ぜひ活用してください。私も短期間ではありましたが、とても助かりました。

所得税の税率(所得税の速算表)

課税される所得金額	税率	控除額
1,000円～1,949,000円	5%	0円
1,950,000円～3,299,000円	10%	97,500円
3,300,000円～6,949,000円	20%	427,500円
6,950,000円～8,999,000円	23%	636,000円
9,000,000円～17,999,000円	33%	1,536,000円
18,000,000円～39,999,000円	40%	2,796,000円
40,000,000円 以上	45%	4,796,000円

ちなみに変動所得や臨時所得と認められるのは、以下のようなものです。

【変動所得】

・漁獲やのりの採取による所得

・はまち、まだい、ひらめ、かき、うなぎ、ほたて貝、真珠、真珠貝の養殖による所得

・印税や原稿料、作曲料など

詳しくは国税庁のＷｅｂサイト「よくある質問／変動所得とは」（https://www.keisan.nta.go.jp/r4yokuaru/cat2/cat26/cat269/cid086.html）をご覧ください。

国税庁「よくある質問／変動所得とは」

【臨時所得】

・土地や家屋などの不動産、借地権や耕作権など不動産の上に存するものの権利金などの所得。

・船舶、航空機、採石権、鉱業権、漁業権、特許権、実用新案権などを3年以上の期間他人に使用させることにより、一時に受ける権利金や頭金などで、その金額が、その契約による使用料の2年分以上であるものの所得。

・公共事業の施行などに伴い事業を休業や転業、廃業することにより、3年以上の期間分の事業の所得などの補償として受ける補償金の所得。
・鉱害その他の災害により事業などに使用している資産について損害を受けたことにより、3年以上の期間分の事業の所得などの補償として受ける補償金の所得。
・職業野球の選手などが、3年以上の期間特定の者と専属契約を結ぶことにより、一時に受ける契約金で、その金額がその契約による報酬の2年分以上であるものの所得。

詳しくは国税庁のWebサイト「よくある質問／臨時所得とは」(https://www.keisan.nta.go.jp/r4yokuaru/cat2/cat26/cat269/cid414.html)をご覧ください。

なお、変動所得・臨時所得については、国税庁のWebサイトに掲載されているPDF「変動所得・臨時所得の説明書」(https://www.nta.go.jp/taxes/shiraberu/shinkoku/tebiki/2021/pdf/020.pdf)も参考になります。

マンガ『こんにちは税務調査です』もおすすめ

税務調査に関連して、「はじめに」でも紹介したマンガ『こんにちは税務調査です』を紹介しておきます。

国税庁「よくある質問／臨時所得とは」

国税庁「変動所得・臨時所得の説明書」(PDF)

このマンガは、映画『マルサの女』が公開された１９８７年に、税務調査を題材にしたマンガの執筆を持ちかけられ、私が原作とネーム（コマ割り・せりふ・下絵）を担当し、元アシスタントに作画を依頼して完成させたものです。

このマンガは、現在、「マンガ図書館Ｚ」というＷｅｂサイトで電子版が無料公開されています。もう35年以上も前の作品なのに、現在も多くの人に読まれ、ダウンロード数も２万６０００以上と好評です。

その理由は、「税務調査」の本質が、今も昔も変わらないからでしょう。よろしければ、読んでみてください。

『こんにちは税務調査です』

根強い人気を誇る作品が「マンガ図書館Z」で、無料で読める。
https：//www.mangaz.com/book/detail/162661

第7章

電子帳簿保存法への対応は これでOK

©すがやみつる／小学館／TAITO CORPORATION

電子帳簿保存法に必要なもの

2023年10月からインボイス制度がはじまり、さらに2024年1月からは電子帳簿保存法がスタートしました。

これらに対応するためには、パソコンのシステムが不可欠です。電子帳簿保存法に対応するために必要なパソコンのシステムとは、どんなものでしょう?

まず、電子帳簿保存法で求められている保存すべきデータは、次の3種類です。

①電子帳簿等保存
②スキャナ保存
③電子取引データ保存

① 電子帳簿等保存

保存する「電子帳簿等」とは、会計ソフトなどを使って作成した「国税関係帳簿」と「国税関係書類のうちの決算関係書類」です。

「国税関係帳簿」には、仕訳帳・売掛帳・買掛帳・総勘定元帳・現金出納帳・固定資産台帳などがふくまれます。

また、「国税関係書類のうちの決算関係書類」には、「試算表・棚卸表・貸借対照表・損益計算書など」がふくまれます。

このほかに「取引関係書類」のうち、自身がパソコンなどで電子的に作成した「請求書・領収書・納品書など」も、そのままデータとして保存できます。

「電子帳簿等保存」については義務ではありませんが、「優良な電子帳簿」の要件を満たした電子データで保存することで、次の恩恵が受けられます。

〔恩恵1〕過少申告加算税の軽減措置

〔恩恵2〕青色申告特別控除額の増額（65万円に）

「優良な電子帳簿」の要件を満たさない会計ソフトでも、e-Taxで申告すれば控除額は65万円になるので、あまり神経質になることはありません。

② スキャナ保存

「取引関係書類（請求書・領収書・レシート・納品書など）」のうち、取引先から紙で受領したものを、スキャナーやスマホのカメラで読み取り、画像やPDFのデータとして保存します。

その際、データの改ざんなどを防止するため、変更履歴の確認や保存データへのタイムスタンプ付与などの要件を満たす必要があります。

少しややこしそうに見えますが、スキャナ保存に対応した会計ソフトを使えば、あまり手間はかかりません。

スキャナ保存をした紙の書類は、廃棄してかまいません。

③ 電子取引データ保存

インターネットを経由した電子メールやファイル交換による「取引関係書類」をデ

ータで保存します。

「取引関係書類」は、「請求書・領収書・納品書など」のことです。

近頃は、請求書をメールで送ったり、領収書をＷｅｂサイトからダウンロードするのが一般的です。これらのネット経由で受領した「取引関係書類」は、かならずデータで保存する必要があります。

「取引関係書類」には、アマゾンや楽天市場などのＥＣサイト、ＪＲ各社や航空会社などの交通機関からオンラインで発行される領収書もふくまれます。データで保存した書類は、紙に印刷して残す必要はありません。

ｅ-Ｔａｘで確定申告をするだけなら、タブレット端末やスマホでも対応できますが、電子帳簿保存法に対応するには、この法で定められたパソコンのシステム一式を備えなくてはいけません。

電子帳簿保存法で定められたパソコンのシステム一式は、パソコン本体、ディスプレイ、プリンター、スキャナーなどのハードウェアと、会計ソフトなどのソフトウェアを指し、それぞれに求められる要項が定められています。

次項から、求められる要件をクリアできるパソコンシステムの概要を紹介していきます。

そろえたいパソコンと周辺機器は?

パソコン本体はWindowsが有利

会計ソフトを中心とする経理や事務に使うのならOSがWindowsのパソコンをおすすめします。

現在、売られているWindowsパソコンなら、廉価版のCPU、小容量のメモリー(4GBまたは8GB)、データ保存用のストレージ(記憶装置)も256GB程度のもので充分でしょう。ストレージには半導体製のSSDとHDD(ハードディスクドライブ)がありますが、現在は高速で故障しにくいSSDが主流になっています。会計ソフトを動かすだけなら、10万円以下のエントリーモデルでも問題ありません。

もし、インターネット経由で動画を見たり、ゲームを楽しんだり、マンガやイラスト、動画の制作もしてみたいのなら、高性能なCPU、大容量のメモリー(16GB

以上）、大容量のストレージ（512GB、1TBくらい）を備えたものにするといいでしょう。価格は15万円くらいからになります。

クラウド版の会計ソフトならMacやタブレットも

まだパソコンを持っていない人が事務処理などをする場合は、Windowsパソコンの方が便利です。

では、マンガ家やイラストレーターの多くが使っているMac（マッキントッシュ）やiPadなどのタブレット端末ではダメなのでしょうか？

実をいうと、そんなことはありません。クラウド版の会計ソフトは、Macやタブレットでも使えるからです。もし使い慣れたMacやタブレット端末があるのなら、そちらを使ってみてください。

ただし、電子帳簿保存法で必要になるファイル検索の機能などを考えると、タブレット端末よりも、パソコン（WindowsかMac）を使うべきでしょうね。

ディスプレイとプリンター

ディスプレイとプリンターは、税務調査が入ったとき、すみやかに帳簿や書類を見せられるようにするためのもの。どちらも廉価な市販品で間に合います。「スキャン保存」をしている場合にのみ14インチ以上のカラーディスプレイが必須ですが、「スキャン保存」をしていなくても、会計には大型ディスプレイが便利です。私は13インチのノートパソコンに、家庭用の大型液晶テレビを無線で接続し、外部ディスプレイとして使っています。

書類をスキャンするスキャナー

紙の書類を「スキャン保存」するときは、書類の種類によって求められる条件が少し変わります。

・重要書類（契約書、領収書、レシート、請求書、納品書など資金や物の流れに関係するもの）……200dpi以上の解像度で、RGB（赤・緑・青）256階調以上のカラー

・一般書類（見積書、注文書、検収書など、資金や物の流れに関係しないもの）……200dpi以上の解像度で、グレースケールでもかまわない（もちろんカラーでもOK）

現在売られているスキャナーや、スキャナー機能を持つ複合機は、低価格のものでも、求められる要項以上の性能を持っています。

なお、受け取る領収書やレシートが多く、大量のスキャン作業が発生する場合は、ADF（オート・ドキュメント・フィーダー＝自動原稿送り装置）の付いたスキャナーを購入するといいでしょう。

スキャンは、基本的に、紙の書類を受け取ってから「2か月と7営業日以内」に完了する必要があります。

また、データが作成された日時が認定された機関によって証明される「タイムスタンプ」を付与しなければなりません。

タイムスタンプの付与は、費用も手間もかかるので、個人では簡単にはできません。

しかし、データの削除や変更の履歴が残るクラウドサーバーなどに保存した場合は、タイムスタンプの付与は必要ありません。

ということは、クラウド型の会計ソフトを使うと、この問題も自動的に解決するというわけです。

機器を操作するマニュアル

パソコンやディスプレイ、プリンターなどのシステムを置いた場所には、これらの操作説明書（マニュアル）を備える必要があります。税務調査が入ったときなどに、税務署員が即座に操作できるようにするためのものです。手順を箇条書きでまとめたものでかまいません。また、パソコンの画面で見られるようにしたＰＤＦやＷｅｂページでも大丈夫です。

このほかに「国税関係帳簿に係る電子計算機処理に関する事務手続を明らかにした書類」「スキャナによる電子化保存規程」なども備える必要があります。国税庁のＷｅｂサイトにサンプルが掲載されていますので、これをダウンロードして、自分用に書き直すといいでしょう。

詳しくは国税庁のＷｅｂサイト「参考資料（各種規程等のサンプル）電子帳簿等保存に関するもの」（https://www.nta.go.jp/law/joho-zeikaishaku/sonota/jirei/0021006-031.htm）をご覧ください。

国税庁「参考資料（各種規程等のサンプル）電子帳簿等保存に関するもの」

あとがき

あらためて、この本の主旨をまとめておきます。

「確定申告でラクして得したい」のなら……

①パソコンと会計ソフトを導入する

②マイナンバーカードも取得してe-Taxと連携する

以上のとおりです。

まるでデジタル庁と国税庁のまわし者みたいですが、日本は、税制もふくむ社会システムのすべてにおいて、デジタル化が遅れていました。

「失われた30年」と呼ばれる長年にわたる政治や経済の低迷も、デジタル化の遅れに大きな原因があったはずです。

たびかさなる震災や新型コロナウイルスへの対応も、諸外国のデジタル化された仕組みを見ていると、歯がゆいばかりでした。

国民が政治に関心を示さないことも、日本が停滞してきた大きな理由のひとつです。

民主主義国家とは、言い方を変えれば国民が納付する税金で成立している国家です。

自分の支払う税額を自分で計算してみれば、いかに自分が国家や社会に貢献しているかがわかるでしょう。

そんな意味でも、確定申告は、できるだけ自分でやってみてください。税理士さんに依頼する場合でも、丸投げして終わりにするのではなく、稼いだ金額と税額にも目を向けましょう。

サラリーマンの皆さんもふくめ、「税抜きで生きる」のは、そろそろやめにしませんか？　納めているのは年貢ではありません。税金なのですから。

この本を書くことになったのは、X（旧・ツイッター）でインボイスを含む税金について書いていた私のポストが、ビジネス社編集部の山浦秀紀さんに見つけられたことがきっかけでした。声をかけていただいたその日に、ビジネス社から徒歩1分ほどの別の出版社に行く用事があったため、その日のうちに山浦さんと会い、トントン拍子に企画が進むことになりました。

私自身、長年、確定申告は自分でやり、e－Taxも初年度から使っていましたが、会計ソフトを使い出したのは、つい最近になってからです。また、カミサンが簿記の資格を持っていたため、これまで帳簿の作成についてはまかせっきりでした。

しかし、インボイスや電子帳簿保存法など、これまでの知識では通用しないものも増えたため、私自身も会計を学ぶことにして、青色申告会の研修などにも通い、複式簿記もイロハから学びました。

確定申告を短時間ですませるコツは、日頃から必要経費を取りまとめ、会計ソフトに入力しておくことです。クラウド型の会計ソフトなら、経費の入力も自動化できます。

独立したてのフリーランサーなら、月イチ程度の確認で大丈夫。そうすればe－Taxによる確定申告も、あっという間に終わるでしょう。確定申告にもネットやPCを大活用してください。

確定申告については、長年の経験があるものの、変化しているところもあります。

そのため、本書の原稿は、税務の大ベテランである神津信一先生（日本税理士会連合会名誉会長／神津・山田 税理士法人代表）に監修していただくことになりました。

この本が短期間で完成したのも、山浦さんと神津先生のおかげです。ありがとうございました。

また、お読みいただいた皆さんにも深く感謝の意をささげます。

２０２４年１月

すがやみつる

【著者プロフィール】

すがやみつる

日本マンガ学会、日本推理作家協会会員。1950年、静岡県富士市生まれ。マンガ家アシスタント、編集プロ勤務などを経て1971年から石森プロに所属し、同年、『仮面ライダー』（原作・石ノ森章太郎）でマンガ家デビュー。『仮面ライダー』シリーズや『人造人間キカイダー』『がんばれ!!ロボコン』など多数のコミカライズ作品を手がけた後、児童マンガ家として独立。79年より「コロコロコミック」に連載した『ゲームセンターあらし』がアニメになるなどしてヒット。83年、同作と『こんにちはマイコン』の２作で小学館漫画賞を受賞。84年より大人向け学習マンガを多く手がけ、『一番わかりやすい株入門』（講談社）がベストセラーになる。85年よりパソコン通信を開始し、普及への貢献が認められ、87年に第１回ネットワーカー大賞（アスキー主宰）を受賞。94年、『漆黒の独立航空隊』で娯楽小説作家として再デビュー。以後、60冊以上の小説を刊行。2005年、早稲田大学人間科学部ｅスクールに入学し教育工学を専攻。11年、早稲田大学大学院人間科学研究科修士課程を修了。11 ～ 12年、早稲田大学人間科学部ｅスクールで教育コーチ職に就き、学生の卒論指導などを担当。11 ～ 14年、財務省、総務省で統計学研修講師。12年、京都精華大学マンガ学部非常勤講師。13 ～ 21年、京都精華大学マンガ学部および国際研究センターにて教授。22 ～ 23年、ヒューマンアカデミー・ヨーロッパにてフランス人学生にマンガ制作を指導。近著に、『ゲームセンターあらし　炎のベストセレクション』（小学館）、『こんにちはPython』（日経ＢＰ）、『コミカライズ魂』（河出書房新社）がある。

・すがやみつるWebサイト　https://www.m-sugaya.jp/
・すがやみつる「X（旧ツイッター）」アカウント　@msugaya

【監修者プロフィール】

神津信一（こうづしんいち）

東京都出身。1968年、東京都立日比谷高等学校卒業、69年に慶應義塾大学経済学部入学。79年に税理士試験合格し、翌年、神津信一税理士事務所を開設。98年に慶應義塾特選塾員となる。2010年、KMG税理士法人（現 神津・山田税理士法人）を設立。11 ～ 16年、東京税理士会の会長を務める。15年、東京出身者として42年ぶりに日本税理士会連合会の会長に選出され、インボイス制度等の税制改革に貢献。4期8年活躍し、23年に退任した。19年に旭日中綬章受章。

超スピードテク満載　クリエイターのための
ネットで簡単＆得する確定申告

2024年 3月1日　第1版発行

著　者　すがやみつる
監　修　神津信一
発行人　唐津　隆
発行所　株式会社ビジネス社
〒162-0805　東京都新宿区矢来町114番地　神楽坂高橋ビル5階
電話　03(5227)1602（代表）
FAX　03(5227)1603
https://www.business-sha.co.jp
印刷・製本　株式会社光邦
カバー・本文デザイン　谷元将泰
本文組版　茂呂田 剛（エムアンドケイ）
営業担当　山口健志
編集担当　山浦秀紀
©Sugaya Mitsuru 2024 Printed in Japan
乱丁・落丁本はお取り替えいたします。
ISBN978-4-8284-2610-5